誰でもすぐに真似できる
シンプルシックで心地よい暮らし

パリの小さなアパルトマンで楽しむおうち時間

——とのまりこ

はじめに

２００３年からパリで暮らすようになって19年目。

２００４年に犬のバブーが家族になり、２０１０年に主人と結婚し、２０１７年に息子が生まれ、今は３人＋１匹暮らし。ずいぶん賑やかになりましたが、我が家はいまだ約35㎡のパリの小さなアパルトマンで暮らしています。

長年続けているブログや仕事で書くコラムなどにも家族や家のことはしょっちゅう登場するので、決して隠してきたわけではないのですが、「35㎡」という具体的な数字や、小さなおうち全体を公開するのは今回が初めてです。

息子が成長して、大きくなることを考えたら、さすがに我が家もそろそろ引っ越しを考えていかなくてはとは思っていますが、なかなか引っ越しに向けての決心がつかないほど、私はもう10年以上暮らしている今の小さなアパルトマンが大好き。

フランスは日本とは比べものにならないほど格差社会。上を見上げればキリがないほど豪華な暮らしぶりもありますが、小さな部屋に自分らしい空間をつくって暮らしを楽しむパリっ子たちもたくさんいます。自分の大好きなものに囲まれて、ごちゃごちゃモノも多いのに何だか魅力的なパリの部屋。収納の工夫を考え季節ごとに部屋の模様替えを楽しみながら、自分らしい空間をつくりあげていくのが上手なフランス人の暮らしをちょっとずつマネしながら…。我が家も何気ない日常を家族で心地よく過ごせる「自分だけの小さな小さなお城」になっているのかもしれません。

この写真は我が家のバルコニーからの景色。「雲がかわいいね」「遠くから雨雲がやってきたね」「夕焼けにたくさんの色が混じってる!」なんて今日も息子と会話しながら35㎡の小さな部屋からパリの空を眺めています。

Sommaire

この本について
・仏語表記「chez moi」は「私の家」、「chez mes amis」は「友人の家」という意味です。
・著者の家や物の写真には、キャプションの最後にアイコンをつけてあります。
・本書で紹介しているアイテムは個人の私物を中心に掲載されています。一部販売中の商品もありますがお問い合わせいただいた時期によっては変更・品切れの場合があります。あらかじめご了承ください。
・「ぼわっと」は、東京・西荻窪にある著者のお店の名前です。ネット販売や全国のデパートでの催事あり。
(URL https://boite.base.ec/ Instagram boite.tv)

Chapitre 5 食卓を彩るカジュアルフレンチ

Chapitre 6 気分を上げるファッション

Chapitre 7 おうち時間を楽しむ手作りのもの

prologue

パリのアパルトマンでの暮らし

リビング、キッチン、バスルーム、トイレがある我が家の間取り図。周りに建物がない最上階。バルコニーと全面にあるたくさんの窓がお気に入りポイント

35㎡はめずらしくない

　我が家のアパルトマンは、「はじめに」で書いたように、3人＋1匹が約35㎡の中で暮らすとても小さな空間です。日本でフランス雑貨のお店を経営しているため、パリ好きのお客様たちと話す機会も多いのですが、「パリに住んでいる」というだけで、どうもとてつもなくキラキラしたゴージャスな暮らしをしていると思われているようで、ちょっぴり困ることも…。「パリは家賃も高いですし、私たちは本当にひと部屋だけの小さな小さなアパルトマンに暮らしているんですよ。日本のメディアによく紹介される上流階級の方たちのパリライフとか芸能人の方たちの暮らしとは違う庶民的なパリもあるんですよ」なんて話しても、謙遜していると思われるようで…。恐るべしパリマジック（笑）！

　もちろん、１００平米超えの大きなアパルトマンに住んでいる友人だっています。いい歳になってきたので、周りの友人たちの社会的地位も暮らしぶりも上がっていくので当然ですよね。一方でパリの家賃が高いため郊外に引っ越していく友人もたくさんいます。そしてパリ市内に住む場合は小さなアパルトマンで工夫しながら暮らしている人たちも、実はたくさんいるのです。

　昔は女中部屋として使われていた屋根裏部屋などもパリで出会う小さな部屋代表と言える場所。「はじめに」のページで写っているパリのアパルトマンの屋根の傾斜部分下の多くはこの屋根裏部屋になっています。リュック一つで渡仏したという主人が初めて借りたのが6㎡の屋根裏部屋、そしてその後お金のない友人と二人で借りていたのが12㎡の屋根裏部屋。パリの空の下には小さな部屋のたくさんの物語が詰まっているのです。

家具付き・家具なし物件

　この本で登場する友人の部屋の多くが購入物件に改装を加えたもの。一方我が家は賃貸物件なので、手を加える場合は大家さんに許可を取る必要があります。古い物件が多いパリ、水漏れ事件なんていうのは日常茶飯事ですし、壁が剥がれてきたり古い窓が壊れたりと問題も多いです。きれいに使う分には、ペンキの塗り替えも棚の取り付けも家具や家電の交換もなんでも許してくれる大家さんのおかげで、自分らしい住まいをつくれています。「家具や家電の交換に許可？」と疑問に思った方もいらっしゃったでしょうか？　そう、パリには家具付き物件と家具なし物件があり、家具付き（我が家はこれ）には入居当日から暮らし始められるよう最低限の設備が揃えられているため、家具や家電も大家さんのものが含まれているのです。

points essentiels

心地よいおうち時間のための5つのポイント

自分らしい空間をつくりステキなおうち時間を過ごすために
フランス人が大切にしているポイントをご紹介します。

Point 1

シンプルを個性に変える

基本はシンプルでナチュラル。何にでも合うようなものを選び、そこにパーツを変えたりリメイクしたりこだわりを加え、「個性の色」をつけていくのがポイント。同じ家具を使っているのに、言われないと気づかないくらい違う雰囲気の空間が出来上がるフランスマジックは、そんな個々のこだわりのおかげ。「基本がシンプル」というスタイルは、フランスのライフスタイル全体の共通キーワードのような気がします。

Point 2

古いものを大切にする

この本全体を通して頻繁に登場するのが、蚤の市で売っているような古い家具や古い道具を上手に使ってオシャレをつくり出すということ。自分の好きなスタイル、自分が価値あると感じたものであれば、誰か知らない人が使っていたお古であっても大切に受け継ぎ、自分の生活に取り入れていくことが本当に上手なフランス人。新しいものと古いものをミックスすることで、味わいある「個性の色」をつくっていきます。

Point 3

見せる収納が自分らしさ

ごちゃごちゃものが多いのに、その人らしさが出て全体がまとまっているオシャレなフランス人の家。「断捨離」や「ミニマリズム」とは真逆のスタイルですが、不思議ととても心地よい♪　たくさんのものをいかにステキな「見せる収納」にするかが大きなポイントです。

Point 4

食事時間の意味を考える

家族や友人と会話を楽しむ。1人のときも音楽を聴いたり本を読んだりしながら。食事に「食べる」という行為以外の意味合いをもっと加え、いい意味でだらだらするフランス流の食事時間の過ごし方です。買ってきたごはんでも楽しくオシャレに盛り付けるのを忘れずに♪

Point 5

上質でシンプルな暮らし

大好きなもの、自分らしいものには徹底的にこだわるけれど、ブランドや流行りものには全くこだわらない。自分がいいと思うものに囲まれて「上質でシンプルな暮らし」をするのがフランスらしいポイント。自分の身の丈に合った心地よい暮らしを追求します。

BOITE
Norvège Suède
Iles Britanniques
Allemagne
Pologne
France
Italie
Espagne
Algérie
NOAH

Chapitre 1

パリスタイルで
心地よい空間をつくる

この章で紹介するのは家全体の大まかな部分。小さなアパルトマンのパリらしいオシャレ空間のつくり方。私がステキだなあと思うものの共通点は、ベースがとてもシンプルなこと。そのうえで趣味や嗜好に合わせて好きなものを好きなように配置し、自分らしい空間をつくり出すのです。

chez moi

白いソファーベッドで省スペース

家具付き物件で備え付けられていたベッドが壊れ、大家さんに許可を取り、イケアのフレッケに。広げるとダブルベッドになり収納引き出しが2つある●

numéro_01

基本は白＆ナチュラルベース

パリらしいオシャレ空間のつくり方の基本は、白や木の温もりでナチュラルベース、すっきりシンプルにということ。というのも、「はじめに」で書いたように我が家は35㎡の小さなアパルトマン。小さな空間をいかに開放感あふれるように見せ、自分らしさも取り入れるかがポイントです。この本に登場する友人たちもみな小さな空間をそれぞれ工夫して生活している家ばかりですが、パリは非常に家賃が高い！ 長年同じ場所に住んでいれば、毎年家賃の上昇率はゆるやかなので全く新規で借りるよりは多少安いことが多いとはいえ、2021年3月時点でのパリの1㎡あたりの平均家賃は33€（約4300円）なので、例えば単純計算すると35㎡の我が家は

ワードローブは白で存在感を消す

出っ張った柱の横の白い壁になじむワードローブを設置して部屋をすっきり。高さ2.4mのたっぷり収納スペースで大人2人の洋服は全てここに●

チェストはリビングのメインにできる

子ども服や仕事道具が入っているイケアのチェストマルムが2つ。我が家の大好きなインテリア置き場のチェストの上はシーズンごとに模様替え●

引き出し陳列も白一色ならスタイリッシュ

天井の高さを最大限利用してイケアの棚カラックスの4段と2段を重ねて使用。選べる扉や引き出しは全てレークマンのホワイトで統一●

14万６２００円。これにパリの中でのエリアの良し悪し（治安が悪いところもたくさんあるパリ、夜1人で出歩くのが危険な女性や子連れは避けたいエリアも多い）、エレベーターや中央暖房やバルコニーがあるないの条件で値段が変わり、管理費も加わります。もう1部屋か2部屋ある今の1・5倍くらいの少し広めのアパルトマンを探しても当然のように二十数万を超えてしまうのです。パリには小さな部屋で工夫しながら暮らす人もたくさんいるという事情が少しおわかりいただけるでしょうか?!

フランスの賃貸物件には、「家具付き物件」と「家具なし物件」があり、我が家の場合は家具付き。テーブル、ベッド、タンス、ガス台、冷蔵庫など入居した日から暮らせるように最低限のものが備え付けられています。シンプルなイケアの家具が多かったのも、この部屋を選んだ大きなポイントです。●

窓から最大限の光を取り込む

パリのアパルトマンの屋根裏部屋を購入。傾斜部分に大きな窓を3面も設置した1日中明るいリビングは家族団欒のスペース(Raffin家)

chez mes amis

小さなベッドルームは白で統一

26㎡を2部屋に区切っている小さな部屋のひとつ。変形部分の壁面には収納棚を作り、全体を白で統一して明るく開放感あるイメージに(Tanaka家)

ネコ2匹と暮らすアパルトマン

ネコの毛がつきやすいソファにはフランスの伝統的な生地「トワルドジュイ」の布をかけている。オシャレだけど掃除も簡単にできる工夫(Tanaka家)

天井の梁も白く塗りすっきり

フランスの古い建築物のステキなポイントである天井の梁は残したまま、白く塗り直すことで広々としたイメージの明るい部屋に（Taurelle家）

ポイントは差し色の使い方

床のタイルや照明など一部分に色を入れたり、シンプルなベースにこだわりを加えていくのがオシャレな部屋のつくり方のヒントに（Taurelle家）

家具や小物はとことんこだわる

ミュージシャンのパパのいるファミリーに楽器は必需品！ 小さめだけど年代物のステキなアップライトピアノはこだわりのアイテム（Raffin家）

お気に入りの雑貨で埋め尽くす

狭い部屋なので実践場所は限られるが、このイケアのチェスト2つの上が我が家のお楽しみスペースのひとつ。シーズンごとにいろいろ入れ替えて楽しむ●

numéro_02

ごちゃごちゃ感をプラスしてパリっぽく

白や木の温もりで「ナチュラルベース」、だけどなんだかごちゃごちゃモノは多い。この一見相反するように感じる組み合わせが究極のパリっぽさのような気がします。

「断捨離」や「ミニマリスト」とは真逆をいく感じですが、ステキだなあと感じるパリのオシャレなおうちの共通点は、シンプルなベースにこれでもかというほど自分たちの趣味や嗜好に合わせた好きなものを取り入れて、自分たちだけの空間をつくり出していること。例えば、同じイケアの家具を使っていても、全く違うもののように見えるのはそのせいなのかもしれないなと、今回この本のために友人の家を隅から隅まで観察して改めて感じました。●

chez mes amis

子どもコーナーもあえてインテリアに

我が家の2カ所にある本棚。子どもの手の届く段は全て絵本やおもちゃ。おもちゃはできるだけインテリアにもなるものを選んで置くように●

壁面に自分の世界観をつくる?!

フランスでは壁にいろいろなものを飾って埋め尽くすことを好む人が多い。確かにフランス人の家は白い壁があまりない!(Taurelle家)

天井ギリギリまでインテリア

イケアのシンプルな棚の上にはずらりとお気に入りのブロカント(蚤の市で見つけたもの)を並べ、フランスならではの高い天井スペースを楽しむ●

見せる本棚は基本スタイル

眺めているだけでもオシャレな本は、置いておくだけでインテリアにもなる便利アイテム。本は「Welcome Bio Bazar」や「BHV Marais」(p110)などでチェックを

見せる収納のザ・食器版!

蚤の市のブロカント食器に目がない夫婦のリビングには、天井まで食器がずらり。食事のたびにここからお気に入りを選ぶのだそう(Takahashi家)

chez moi

発送する前のお楽しみ…

我が家に飾られるたくさんのブロカントたち。東京のお店「Boîte（ぼわっと）」の商品として買い付けた物と離れ難く、しばらく置いて楽しむパターンも

numéro_03

古い物×新しい物のミックスがオシャレ

　イケアなどで買った新しく手頃な家具類と、ブロカントを組み合わせて自分だけのオリジナリティあふれる空間をつくり出すセンスが抜群のフランス人。ブロカントとは「古道具、ガラクタ」を表すフランス語で、「愛すべき古き良き道具たち」という意味合いを込めて使われています。ここ数年は日本でもかなり浸透してきましたが、蚤の市と聞くと「アンティーク」という言葉を思い浮かべる方が多いと思います。正確に言うと「アンティーク」とは１００年以上たったもののことを指すので、１００年に満たないものは「ブロカント」と呼ばれているのです。だから私たちが日常的に気軽に購入して取り入れたりするのは、ブロカントと呼ばれるものが圧倒的

タンスの上も インテリアスペースに

昔の絵本などイラストが美しいものも、ステキなインテリアの主役に取り入れられる簡単アイテム。実はけっこう貴重で高額なものも多い人気のブロカント●

平面に凹凸をつくってオシャレに

子ども用ミシンやぬいぐるみなどお気に入りのブロカントたちで立体感を出している。観葉植物もカフェオレボウルに入れてステキ度をアップ●

落下物防止には便利グッズを

地震のある日本ではミュージアムジェルなどを使うと簡単にしっかり固定できて安心。東京の店「ぼわっと」でも今までも一度も落下なく愛用中●

に多くなります。

日々あちこちで蚤の市（巻末ｍａｐで定期開催される蚤の市を紹介）が開催され、お散歩がてらぶらぶらして戦利品を探します。子どもも大人も自分のお気に入りを見つけ購入し、家具などであればさらにそれを切ったり組み合わせたりペンキを塗ったりリメイクするのも大好き。フランスには、「誰かが使ったお古を使うことに抵抗はない」、「物が大切に誰かに引き継がれて使われていく」というステキな文化があるのです。蚤の市で買ったものでなくても、道に捨てられたものを拾ってきてリメイクするのも得意。誰かが拾うのが前提なので本当にありとあらゆるものが道に捨てられており、それをすぐに誰かが持ち帰るという日本ではあまり見かけない光景が見られます。お金をかけなくてもオシャレをつくり出してしまうＤＩＹ文化が根づいているのです。●

numéro_03
古い物×新しい物のミックスがオシャレ

ブロカントで重厚感アップ

アコーディオン奏者とフルート奏者の音楽家夫妻は、練習スペースもお気に入りのブロカントの小物やポスターがいっぱい（Takahashi家）

こだわりとくつろぎのバスルーム

洗面台の蛇口や小物置きもブロカントを使う徹底的なこだわり（Tanaka家）。洗面所で使う雑貨は「Officine Universelle Buly」（P111）がオススメ

chez mes amis

違う種類を組み合わせる

イスが全部違うのもフランスでよく見るオシャレポイント。ラタン編みの背もたれのイスはご主人の父＆祖父の手作りを受け継いだものだそう（Raffin家）

小棚は毎月テーマを変えて

「L'Objet qui Parle」で買ったブロカントや「Marin Montagut」(P110)の陶器のレモン(Tanaka家)

子ども部屋にもブロカント

子ども関連の売り場を示すどこかの店で使われていたと思われるブロカント板を、子ども部屋のタンスの上に置いてしまうオシャレさ！(Goode家)

主役になる 個性的なものを使う

古い大きなラジオ付きキャビネットを主役にしてお気に入りのインテリア置き場にするオシャレなGoode家。蚤の市が大好きで家のあちこちにブロカントが

使ってみたい！
使える！

おすすめの家具

部屋づくりの基本となる家具
ベーシックで機能的なもの
どんなインテリアともマッチする
シンプルさがポイントです。

空間を最大限使える かしこいベッド

我が家でも大活躍の収納引き出し付きベッド「フレッケ」。引っ張り出すとダブルベッドに変身する2倍嬉しいベッド（イケア 39,990円）

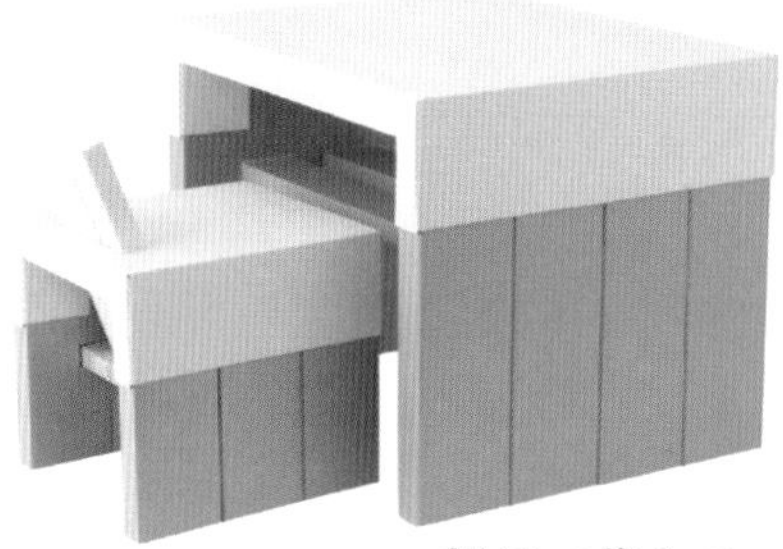

親子で作れる オリジナルデスク

「じぶんでつくる紙管こどもデスク」という名の通り、子どもと一緒に作って色を塗ったり絵を描いたりできる(無印良品 デスク 4,890円、イス・小 1,690円)

機能的でありながら 個性も出せる収納棚

用途に合わせて、縦にも横にも広げられる「スタッキングシェルフ」。ぴったり入る引出しも豊富。(無印良品 3段×3列・ウォールナット材 39,900円、「スタッキングチェスト・ハーフ」オーク材 2,490円～)

部屋のイメージを
左右する照明

蚤の市で買った古いランプシェードを日本の規格に合わせて替えたもの。照明は雰囲気づくりをする重要ポイントのひとつ（ぼわっと 14,300円）

トランク型の
折り畳みテーブル

広げるとテーブルになるブロカントのトランク。SNSの写真撮影をするときなどにもすぐ使える便利アイテム（ぼわっと 41,800円）

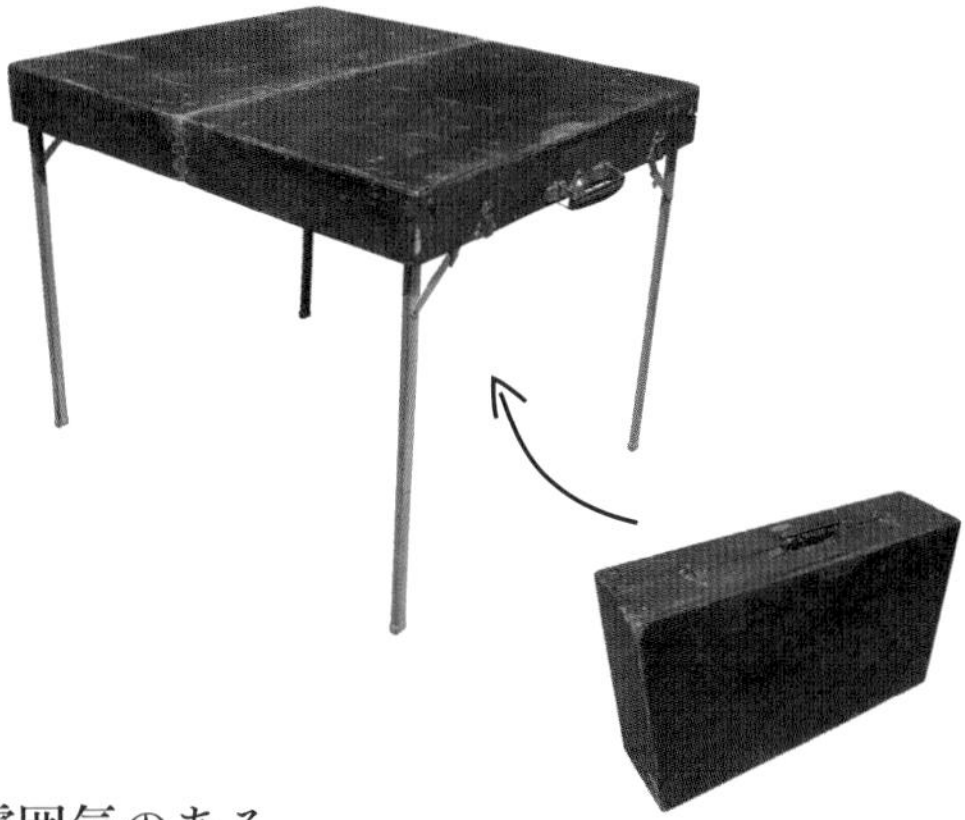

雰囲気のある
折りたたみチェア

インテリアのアクセントに使いたい個性ある「ウッド折りたたみ式チェア」。可動式の背もたれ（ZARA HOME 19,990円）

部屋の
リラックススペースに

カフェを飲んだり、本を読んだり、モノを置いたり、ちょっとしたときにさっと使えるステキな「ウッドベンチ」（ZARA HOME 35,900円）

※タオル類は商品に含まれません

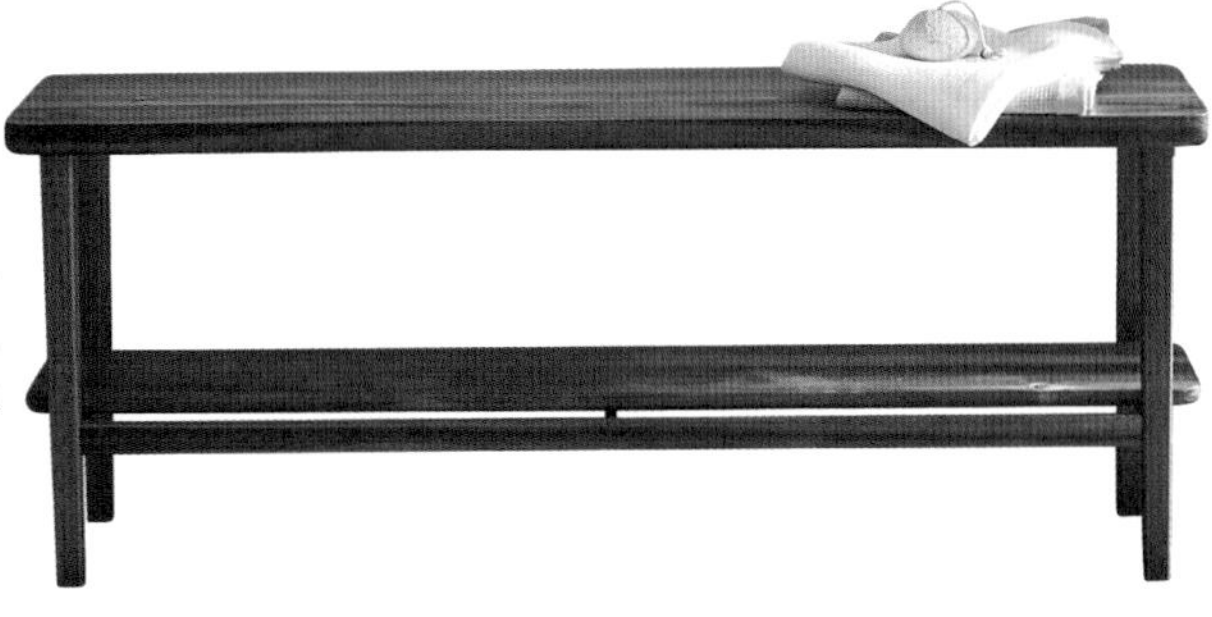

［イケア］https://www.ikea.com/jp/ja/
［ZARA HOME］https://www.zarahome.com/jp/
［無印良品］https://www.muji.com/jp/ja/store
［ぼわっと］https://boite.base.ec/

掲載商品はお問い合わせいただいた時期によっては変更・品切れの場合があります。あらかじめご了承ください。

商品の価格は税込み（10%）表示です。

À la découverte
DE LA
FRANCE

Chapitre 2

限られたスペースを明るく広く見せる

家全体の色のトーンやミラー使いで小さなスペースをいかに広く明るく見せるかと工夫したり、家族全員の洋服や道具を収納するスペースをどうやってつくり出すかと工夫したり。この章では限られた中で「おうち時間」を楽しむための心地よいスペースづくりをするポイントをご紹介したいと思います。

長年愛用のお気に入りミラー

アンティーク調の大きなミラーは、「Maisons du Monde」(P111)で購入したもの。主人の小さなパソコン机周りを明るくしてくれる

numéro_01

鏡使いで明るく広く

誰の家に行っても目立つのは、ミラー使いの上手さ。実用的に姿見としてのインテリアに使うことはもちろんなのですが、光を反射して家の中を明るくしてくれるうえに、部屋を広く見せてくれるという効果に期待して、窓の位置とミラーの位置を計算したり。小さな部屋でも複数使っているという人も多いオシャレな部屋づくりの必須アイテム。個性を出しやすいインテリアのひとつで、アンティーク調のデザインのものや蚤の市で売られているヴィンテージなどが人気です。あえて汚れや傷がついているのを味として好む人も多く、個人の家だけではなくオシャレなビストロやレストランでも定番のインテリアアイテムになっています。

ミラー複数使いで小さな部屋を明るく広く

10㎡ちょっとの部屋には見えない上手なミラー使い。壁のミラーは前の大家さんが拾ってきてつけていたものをそのまま受け継いだそう（Tanaka家）

アンティークのミラーで大人空間

リラックスできるベッドルームには重厚感あるゴールドのミラー。ミラー周りにもお母様から受け継いだ年代物の雑貨がいっぱい（Goode家）

chez mes amis

LED豆電球もパリの人気アイテム

ミラー周りにLED豆電球（「Tsé & Tsé」P111）をつけることで明るさをアップ。LED豆電球はさまざまなところで活躍する大人気アイテム

部屋のセンスをワンランクアップ

オシャレな家で見かけるミラーの多くが蚤の市で購入したブロカントやアンティーク調のデザインのもの。味気ないシンプルなものより一気に個性が出る

chez moi

小さな子ども雑貨の収納アイテム

(右)「Bonton」(P110) オリジナルの巾着タイプ収納バッグは広げてそのまま遊びスペースに。(左)子どもの靴入れはイケアの吸盤つきバスケット「ティスケン」を使用✳

numéro_02

見せる収納がパリの美学

16ページでご紹介したように、シンプルなベースに自分の好みや嗜好に合わせたインテリア雑貨をたくさん置いたり、壁面が見えないほど壁にもいろいろなものを飾るのがフランス流のオシャレな部屋づくりのポイント。「なんだかごちゃごちゃしているのに汚いわけではなく、個性的でオシャレでかわいい」が共通の特徴です。「インテリアとして飾っているように見せて収納している」という「見せる収納」も、かわいい部屋づくりをしているフランス人にコツを聞くと教えてくれるキーワードです。

我が家もとにかく約35㎡という小さなアパルトマンなので、いかに収納スペースをたくさん作るかが大きなポイントに。部屋は狭いですが、日本に比べ

かさばる靴を効率よく収納

「Perigot」(P110「BHV Marais」地下1階)の人気アイテムシューズラックはかれこれ15年以上愛用し、人が来るたびにどこで買えるか聞かれる優れもの✳︎

伸縮棒で簡単に収納スペースづくり

玄関やトイレなど目に入らない高い天井スペースには、普段は使わない撮影バッグや旅行バッグ、掃除道具の予備などを収納できる棚をいくつもつくっている✳︎

ると天井がかなり高いというメリットを活かして、あまり目につかない生活面ではじゃまにならない場所、例えば玄関の天井付近、トイレの天井などに100均でおなじみのアイテム伸縮棒を使って収納棚を作ったり、家具以外の場所に収納スペースをつくる工夫もしています。35㎡という広さ、モデルルームや貸しアパートホテルだったら十分にオシャレにスッキリした空間を作り出せる広さですが、洋服におもちゃに仕事道具に学校用品に…家族全員が毎日使うものを全て収納するには、さまざまな工夫が必要に。収納家具といえば代表格である「イケア」や「無印良品」などのシンプルで機能的なものを中心に、オシャレでモダンな掃除・収納・買い物関連の雑貨を出している「Perigot」（P110「BHV Marais」地下1階）のアイテムなどを使って収納作りをしています。✳︎

細かいものもオシャレに見せる

コップ類やキッチン＆ショッピング雑貨を見せる収納で。フックやカトラリーなどはキッチン用品セレクトショップ「La Trésorerie」(P111)のもの

ウッドベースでスッキリ収納

DIYで作ったという玄関周りの収納スペース。細かいものはカゴに入れたり拾ってきた木でハンガーラックを作ったりとナチュラルでオシャレ(Taurelle家)

chez mes amis

コレクションを見せる収納

ブロカントのカフェオレボウルやティーセットなどをリビングの棚（イケア）に並べて、大好きなものに囲まれる暮らし(Takahashi家)

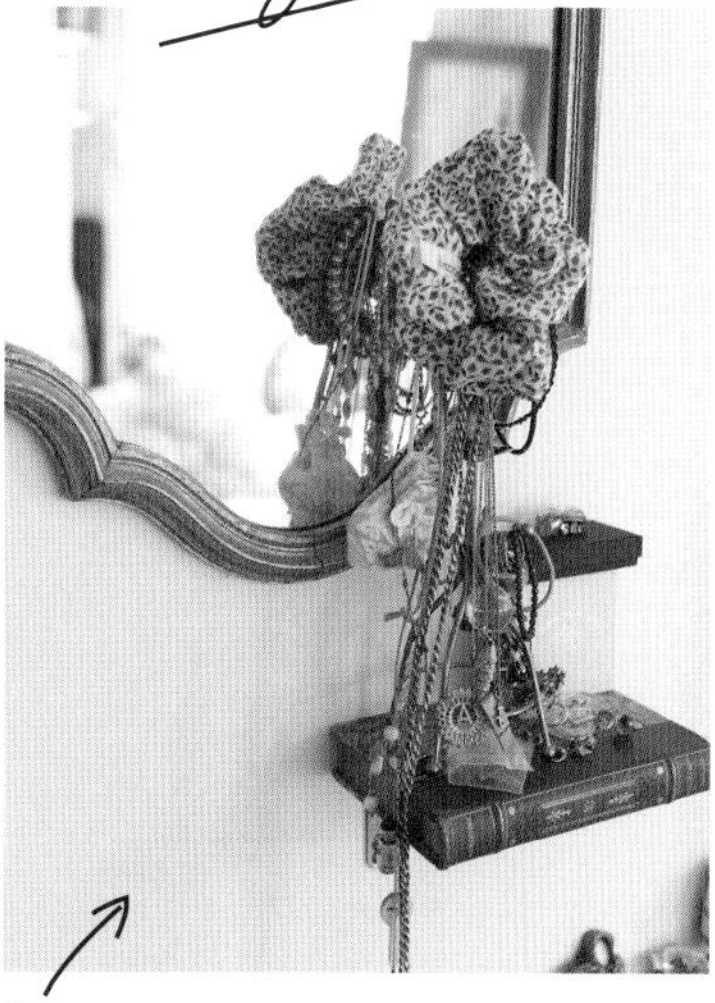

計算されたステキごちゃごちゃ感

ベッド脇のお気に入りアクセサリースペース。ヴィンテージのアクセサリー類は「L'Objet qui Parle」(P111)や蚤の市で集めたもの(Tanaka家)

ファッション小物は しまわずに見せる

帽子やサングラスが大好きでたくさん持っているというZoéさん。部屋のあちこちにあえて見せる形で置いてインテリアのひとつに（Goode家）

思い出のDVDや本をインテリアに

屋根裏部屋を改装した部屋。天井近くのスペースまで有効活用して棚を作り、夫婦の思い出がつまったDVDや結婚式の思い出の品がずらりと並ぶ（Raffin家）

花や植物をセンスアップアイテムに

摘んだ花などが入るガラスフレーム（「Les Fleurs」など）や観葉植物（「Welcome Bio Bazar」などP110）がオシャレ（Raffin家）

トランクは 便利な収納スペース

蚤の市で購入したという古いトランクを並べて見せる収納ボックスに。ごちゃごちゃ細かいものがオシャレに収まる優れもの（Tanaka家）

パリのセンスを参考に手作りも

ベッド周りのクッションや枕、モビールなどはパリのオシャレ子ども雑貨店を見て回り、全て手作り。オルゴールクッションなどもマネしてこだわった

numéro_03

子どもスペースは色のトーンを少し抑える

フランスでは基本的に子どもが生まれたら赤ちゃんの頃から子ども部屋を与えます。乳飲み子時代から寝るのも親とは別に1人。日本の「川の字」で寝る文化とは正反対です。子ども部屋を確保するために妊娠中に部屋数が増やせる引っ越し先を探したり、家賃の高いパリを諦めて郊外に引っ越すという人も多いのです。一方、我が家のように仕事の関係で家賃の高いパリを離れられずスペースがなく子ども部屋を確保できない、もしくはフランス人でも考え方や金銭的な事情などから子ども部屋がなくてもという人も一部に。子ども部屋があってもなくても、共通するのは子どものスペースに関しても大人の空間と同様に、基本的にはシンプルでスタイ

ペールカラーで落ち着いたトーンに

子ども用ハイチェアのクッションなども原色で柄のある華やかなものではなく、落ち着いた色合いのものを選んで全体のバランスを取れるように工夫✳

蚤の市で見つけたこだわりの小さな家具

年代物のコートかけはジャンパーや通学バッグなどをかけて専用コーナーに。右ページの子ども机も、ブロカントの古いものをお下がりでいただいたもの✳

おもちゃはベッド下にすっぽり収納

イケアの収納付きベッド。パズルや木のぬくもりあるおもちゃたちは「Bonton」「Smallable」「Bon Marché」など（P110）で購入したもの✳

リッシュなイメージにするということ。もちろんおもちゃや洋服など賑やかでカラフルなものもたくさんありますが、ペールカラーやスモーキーカラーなどを上手に使い、落ち着いた印象なのが大きなポイントです。キャラクターものが極端に少ないのも特徴のひとつ。

そして子ども部屋がある場合、おもちゃは大人の空間に持ってきてはいけない、子ども部屋の中で完結しなさいと徹底している家も多いのが興味深いところ。全て子ども中心になるのではなく、大人の時間や空間も確保し大切にするのがフランス流です。「ザ・ピンク」「ザ・ブルー」「ザ・キャラクター」ではないアイテムや色使いなどはパリのオシャレママ御用達の子どもセレクトショップ「Smallable」「Bonton」（P110）などを参考にしながら、手作りできるものはマネして作ったり。フランスらしいセンスを取り入れています。✳

numéro_03
子どもスペースは色のトーンを少し抑える

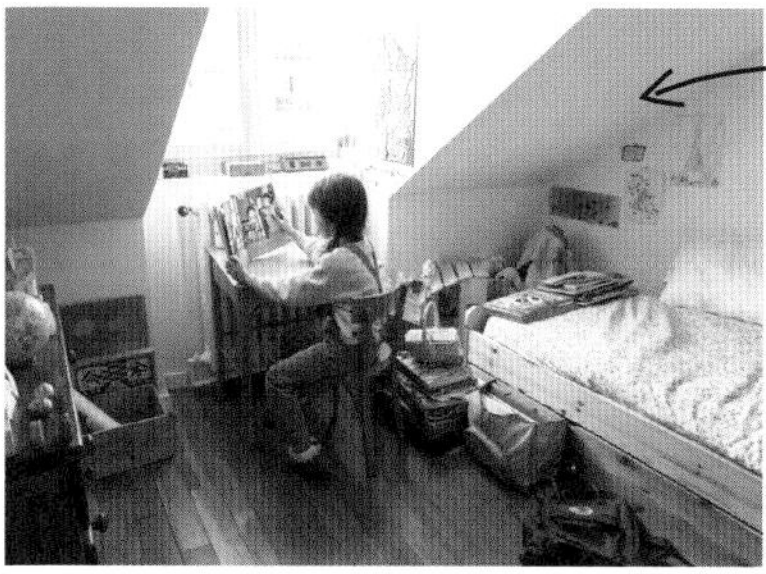

ぬくもりある
子ども部屋の家具

蚤の市などでヴィンテージを見つけてこだわりの子ども部屋を作る人も多い。蚤の市や「Les Fleurs」(P111)などのステキなブロカント家具も要チェック(Raffin家)

旅の思い出が
所狭しと並ぶお部屋

読書とお絵描きが大好きなLinちゃん。屋根裏部屋の傾斜部分を上手に使ったオシャレな収納。本棚はイケア。タンス、机、イスなどはブロカント(Raffin家)

chez mes amis

ママとパパの
愛情いっぱい

ベビーベッドのプラスチックパーツをこだわりの木や金具に取り替えキャスターをつけたり、DIYにもこだわるぬくもりあふれる部屋(Raffin家)

ポイントは色のトーン選び

ブルーやピンクを取り入れるときもグレーがかったパステル色が多いのが、フランスのオシャレな子ども部屋をつくり出す特徴のひとつ(Goode家)

新旧ミックスでオシャレ空間を

勉強机のイスは蚤の市で見つけたブロカント。新しいものと古いものをうまくミックスさせるセンスは子ども部屋にも共通(Goode家)

木製おもちゃが多いのもポイント

木のぬくもりあふれる子ども部屋。子ども部屋の雑貨やおもちゃなどは子どもセレクトショップ「Smallable」「Bonton」(P110)などで(Taurelle家)

ファッションアイテムもこだわる

いつもオシャレなRaoul君。大人顔負けのファッションアイテムやベビー雑貨などは左上のお店以外に「La Maison by Nad Yuht」(P110)で購入(Taurelle家)

使ってみたい！
使える！

おすすめのインテリア

個性的なインテリア雑貨で
部屋に自分らしさを加えていく。
あえて見せたいと思うような
好みのアイテムを探します。

子どもが大好き 秘密基地になるテント

子ども部屋は全体のトーンは抑えつつ、アクセントでポップなアイテムを入れるのがおすすめ。子ども用テント「スィルクステルト」（イケア 1,999円）

コートスタンドは 見せる収納のひとつに

3本足のスペースを取らない「ブナ材コートスタンド」。アンティークなものにも合うインテリアに（無印良品 6,290円）

シンプルな家具に 個性を加える

パリやフランスに関わるものをモチーフにプリントされたフランス製のクッションはベッドやソファに（ぼわっと 5,290円）

色やデザイン選びで 部屋の雰囲気が変わる

部屋の雰囲気づくりに大活躍するラグ。ブラウントーンのヴィンテージ風デザインがステキ（ZARA HOME「クラシックデザイン ラグマット」19,990円～）

収納スペースつき サイ型スツール

子ども部屋のオシャレな空間づくりをしながら収納もできる子どもも大喜びのスツール（ZARA HOME「アニマルストレージスツール」14,990円）

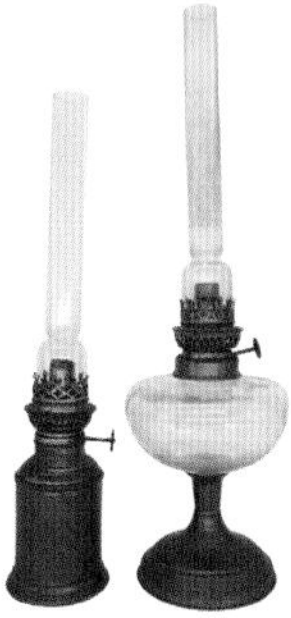

重厚感ある アルコールランプ

現代ではほとんど使われなくなったものこそインテリアとして存在感が増してオシャレ度アップ（ぼわっと 右13,200円、左11,000円）

アカシア材製の 物干しスタンド

無機質なものが多い洗濯物用のスタンドがインテリアにもなってしまいそうなオシャレさ（ZARA HOME「折りたたみ物干しスタンド」25,900円）

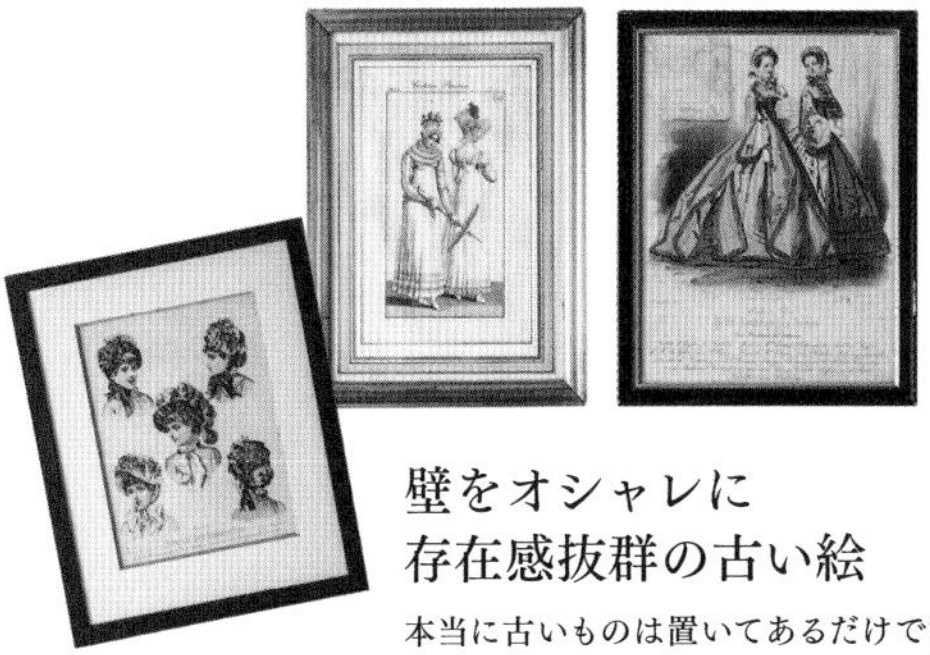

壁をオシャレに 存在感抜群の古い絵

本当に古いものは置いてあるだけで雰囲気と重厚感が違う。色合いもステキなリトグラフの絵と額（ぼわっと 8,250円〜）

いつもの写真を アートに変える

写真をさりげなくオシャレに演出できるコラージュ用のフォトフレーム６枚用「ヴィータヴィー」（イケア 2,499円）

［イケア］https://www.ikea.com/jp/ja/
［ZARA HOME］https://www.zarahome.com/jp/
［無印良品］https://www.muji.com/jp/ja/store
［ぼわっと］https://boite.base.ec/

掲載商品はお問い合わせいただいた時期によっては変更・品切れの場合があります。あらかじめご了承ください。

商品の価格は税込み（10％）表示です。

Episode 1

balcon

春はバルコニー作り

春になりバルコニー作りのシーズンに。今年はパリで活躍するフローリスト「Atelier Carmin」に依頼してお手伝いしてもらい、今までやったこともなかったほど本格的に楽しんでいます。仕事の関係で数カ月おきに日本に帰る生活を送っていたので、長期間不在することも多く諦めていたのですが、息子が幼稚園に入って（フランスは幼稚園から義務教育）そうそう日本に帰れなくなったこと、そして世界的な動きでおうち時間が増えたことをきっかけに、長年の夢を実現することにしたのです。

寒くて日照時間が極端に少ない冬が終わり春が近づくと、みんなソワソワ浮き足立ちバルコニー作りを楽

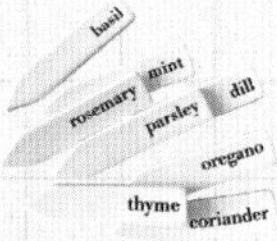

庭作り関係の道具や植物は
「Welcome Bio Bazar」「Les Fleurs」「Marché aux Fleurs」「La Trésorerie」(P110,111)などで

しむ人たちが一気に増えます。近所の金物屋さんや花屋さんの店先に並ぶ鉢植え類、プランター、土などの売れ行きを見ていると、春を待ち望んでいた人々がいかに多かったかということがわかります。同じアパルトマンでも大きなプランターや土を運ぶご近所さんとエレベーターで遭遇したり、みな一気に動き出すのです。

一方、古い建物が多いパリではバルコニーがある物件のほうが少なかったりもします。でもそんな生活でも庭いじりが楽しめるようにとパリには「レンタル花壇」というとてもステキなシステムがあるんです。道路脇や並木道など公共の場所（公園などは除く）、パリ市内のどこにどういうことをしたいかという自分の栽培計画を出して審査が通ると、自分の家の花壇のように植物を育てることが許されるのです！　パリをお散歩する機会があったら、ぜひ個性あふれる「レンタル花壇」にも注目してみてくださいね。

Chapitre 3

暮らしをセンスアップするインテリア雑貨

この章では、心地よく自分らしい生活空間をつくるための最大のポイントとなるインテリア雑貨や生活雑貨たちをご紹介します。リラックスタイムを生み出すアロマグッズや安らぎを与えてくれる観葉植物などは、おうち時間が増えてからフランスでもさらに人気が高まっています。

chez moi

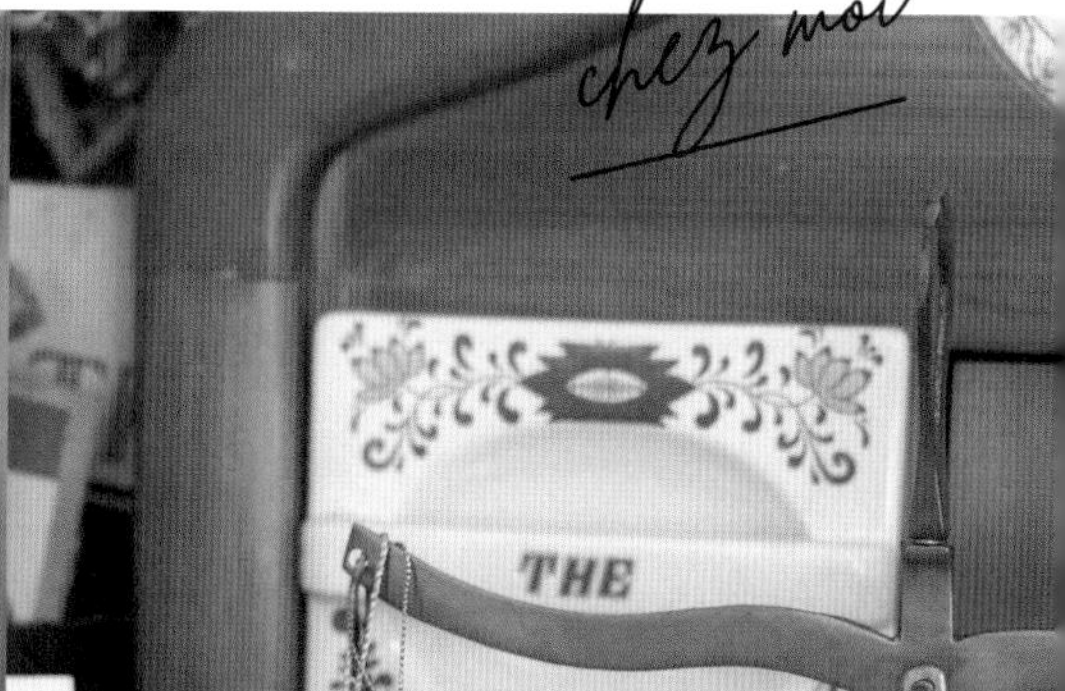

アンティークと雑貨を所狭しと

東京の店「ぽわっと」の商品発掘も兼ね蚤の市やブロカント店（「L'Objet qui Parle」P111）などを回り、集めたもの。日本に発送するまで我が家に並ぶことも■

numéro_01

我が家のお気に入りのインテリア

暮らしを彩るインテリア雑貨たちは自分らしい空間をつくってくれる重要なアイテム。小さな部屋の中の限られたスペースですが、気分でテーマを変えて楽しんだり、季節に合わせてお気に入りのアイテムを加えたり、「おうち時間」が増えている今はさらにこだわりポイントを増やして楽しんでいます。

我が家は賃貸物件ですが、アパルトマンを探す場合フランスには「家具付き物件」と「家具なし物件」というものがあります。家具付きの場合、入居した当日からすぐに暮らせるように最低限のものが備え付けられていますが、この場合大家さんの趣味や方針が大きく左右します。いらなくなった実家の家具（この場合はとても古い田舎っぽさもある

ベッドのアクセントはクッション

パリの写真を使った「ぼわっと」のオリジナル商品。パリをモチーフにしたイラストも多い「Marin Montagut」(P110)のクッションもお気に入り

インテリアにもなるキャンドル

「ぼわっと」でも販売しているリモージュ焼の器に入った高級感あるブランド「Secret d'Apothicaire」のアロマキャンドル。古城ホテルなどでも使われている

花器にもなる
カフェオレボウル

右のデザインシリーズは食器も集めているお気に入り。この年代のデザインを彷彿させる新しいものも多く「Les Fleurs」(P111)などで取り扱いあり

感じの、いい意味で言えば重厚感あるタイプの内装になることが多い）を置くか、もしくはイケアなどのシンプルで安い家具を最低限揃えるかというパターンが多いのですが、たまにとんでもないセンスの大家さんも！　何年この地にいることになるかわからない外国人には大きな家具を買い揃えなくてもよいとても便利なシステムなのですが、全て自分の好みで揃えることはできない、勝手に改装したり捨てたりできないというデメリットもあります。

　いずれにせよ退去するときには最初に備え付けられていたものをそのまま返さなくてはいけないので、大家さんが揃えてくれたものに足りないものを買い足していく形に。だから好きなようにリノベーションしたり、完全に自分好みの家具で世界観をつくれない分、インテリア雑貨がとても重要なポジションになるのです。

アロマ＆キャンドル

アロマやキャンドルはリラックス効果抜群の必須アイテム。P108で紹介するショップにほとんどで扱いがあるが「Astier de Villatte」「Marin Montagut」「La Maison by Nad Yuht」「Officine Universelle Buly」などが特にオススメ。

たくさん並べて気分で選ぶ

アロマキャンドル、アロマオイル、フレグランススプレーなど気分によって香りを変える。インテリアにもなるステキなデザインが多いのもポイント

その日の気分で香りを変える

いくつも揃え気分によって楽しむのがフランスの基本スタイル。東京の店「ぽわっと」でもよりすぐりのmade in Franceのアロマキャンドルを取り扱っている

主役級のインテリアにもなる燭台

お母様からのお下がりだという古い燭台を使っているRaffin家。こだわりの燭台があればイケアなどで買うキャンドルもオシャレアイテムに大変身

キャンドルも
オーガニック派

ナチュラル志向が強い家ではミツロウのキャンドルも人気。自然派系キャンドルやアロマは「Welcome Bio Bazar」や「So.bio」(P110)で取り扱い多数(Taurelle家)

花＆観葉植物

おうち時間が増えた今、セレクト雑貨店のほとんどに取り扱いがあるほどドライフラワーや観葉植物の人気が急上昇中。「Les Fleurs」「La Maison by Nad Yuht」「Welcome Bio Bazar」(P110)などが種類も多くインテリアの参考になる。

生花をドライフラワーに

私の仕事スペースの癒やし。100均の突っ張り棒を利用して天井からぶら下げたり工夫。Bonheurの置物は「Maisons du Monde」(P111)で購入

ブロカントと花の相性は抜群！

ブルーのピッチャーも左の写真のブーツ形の花瓶も蚤の市で見つけたブロカント。ブロカント×花の組み合わせは誰でも簡単にできるオシャレポイント

誰でもすぐに
オシャレ上級者

花器になる個性的なブロカントを蚤の市や「L'Objet qui Parle」(P111)で探してみて。東京「ぼわっと」でも陶器、ガラス、ホーローなど多数取り扱いあり(Tanaka家)

さまざまな使い道に
オシャレなパニエ

「買い物」「見せる収納ボックス」、いろいろ使えるパニエ(カゴ)もステキな花器に。上に写っているリースもパリで人気急上昇中。P111の各店でも取り扱いあり

おうち時間で高まる観葉植物人気

植物やその関連の雑貨や道具は「Les Fleurs」「La Trésorerie」「Borgo Delle Tovaglie」「Marché aux Fleurs」(P111)がおすすめ。多肉植物も人気

古い写真&絵&レコード

古いレコードのジャケットやポスターなどは、置くだけであっという間にオシャレな雰囲気になる超簡単アイテム。薄くて海外から持ち帰りやすいものでもあるので、パリに来たらぜひお土産探しを!

置くだけでステキなインテリア

ページをめくっているだけで幸せになる昔の絵本。蚤の市で見つけるたびについつい集めてしまうので、我が家にはあちこちに絵本コーナーが

ポスターや絵で壁を埋め尽くす

白い壁が見えないほど好きなものでいっぱいにするのがフランス流。「Marin Montagut」(P110)のパリ関連のイラストポスターもおすすめ(Taurelle家)

記念の絵はメインのインテリアに

結婚式のウェルカムボードとしてアーティストの友人に大きな木板に描いてもらった大切な絵は、我が家の玄関でお客様をお迎えするお気に入りアイテム

古い紙グッズを額に入れて飾る

昔の広告ポスター、地図や各種証明書など蚤の市(P111)に行くとさまざまな古い紙グッズが。大小いろいろな大きさがあり、額入りで見つかる場合も多い

ジャケ買い必須の古いレコード

古いレコードは音楽として楽しむのはもちろん、インテリアとして飾るためにステキなジャケットを探す。「ぼわっと」でも常にたくさんのレコードを取り扱っている

ブロカント

実用的に使えるものから今はもう動かぬオブジェまで。飾るだけで味があるブロカント。蚤の市が日常に溶け込む国だからこそ、ステキなものがすぐに見つかる。小さなものからチャレンジしてみて！

タンスや棚の上はブロカントでいっぱい

東京の店「ぼわっと」の約3分の1は蚤の市で見つけた古いもの。買い付けとともについついいろいろ買ってしまい、いつの間にか棚の上がいっぱいに…

ゼンマイ式のJAZの壁掛け時計

アンティーク時計が人気のJAZの壁掛け時計。デジタルデバイスで時間を確認することが多い今だからこそ、アナログな時計が欲しくなる（Takahashi家）

年代ごとに違う特徴も楽しい

ポップなカラーがかわいい70年代風のブロカントたち。ブロカント雑貨は蚤の市や「L'Objet qui Parle」（P110）、東京の店「ぼわっと」などで

お気に入りはメインでどどんと飾る

昔のタイプライターをリビングルームの壁につけてしまったブロカント大好きな友人ファミリー。重厚感あるアイテムが一気にインテリアの主役に

古本をDIY、ステキな棚の出来上がり

古本を使いベッド脇に作った小物置き場。アンティーク風のゴールドの金具はDIY用品がなんでも揃う「BHV Marais」（P110）で買ったもの（Tanaka家）

ガラス＆陶器

キラキラ光を反射するガラスはその時々で違う表情を見せてくれる。特にアンティーク・ブロカントのものは繊細なカットや装飾が見事なものも多い。陶器の雑貨もフランスで人気のインテリア。

飾り部分の細かいカットも見事

アンティークのガラス写真立て。写真はもちろん古いポストカードなどを挟んでもステキ。東京の店「ぽわっと」にも定期的に送るお気に入りアイテム■

ステキなガラスのバター入れ

牛の模様が彫られているガラスのバター入れを小物ケースに。蚤の市以外では「Welcome Bio Bazar」「Les Fleurs」(P110,111)などで手に入る■

繊細でゴージャスなガラス瓶

古い香水瓶、薬品瓶などガラス自体にゆがみや味があるものは高級感あふれるインテリアに。P110,111のセレクトショップにも豊富にそろう(Goode家)

フルーツや野菜も人気のインテリア

陶器、ガラス、小物類。定期的にテーマを変えるというTanaka家のスペース。本物そっくりの陶器のレモンのオブジェは「Marin Montagut」(P110)で

お気に入りで自分らしいコーナーを

かわいいものが大好きなセンス抜群のTanaka家の棚。さまざまな陶器の雑貨は「L'Objet qui Parle」や「Astier de Villatte」(P110,111)などで集めたもの

ペットグッズ

「かわいい」方向に走りすぎないシンプルでベーシックなスタイルは、ペットグッズでも共通。ペットの服はあくまでも防寒用のため、リードやバッグも男女問わず持てる実用的なものが多い。

シンプルな革のリードを色違いで

フランスでは何も装飾がついていないシンプルなリードが人気。気分で色を変えて。長年愛用しているのは「BHV Marais」(P110)で売っているもの

ペットのお出かけどこでも一緒

基本的にどこでもペットOKな国フランス。食品関係のお店や公共交通機関の中では袋に入っておとなしく。犬たちもお出かけに慣れている

男性も持てるオシャレドッグスリング

「ぽわっと」オリジナルで作ったドッグスリングは、パリの写真をプリントした生地。こちらは古い通りのタイルの床。右上はアンティーク本屋の写真

ペットトイレもこだわりのインテリア

小さな部屋の中ですっきりオシャレに見える2匹の飼い猫のためのトイレスペース。こだわって探し続けたという白い棚タイプのデザインで、言われないとトイレとは気づかない。収納スペースもあってとても便利(Tanaka家)

使ってみたい！
使える！

おすすめの雑貨

毎日過ごす部屋で使うものは
ステキなものにこだわりたい。
いつもの生活を楽しくする
かわいいインテリア雑貨たち。

デジタル時代にあえて アナログを選ぶ

レトロなデザインが素敵なホワイトの「デカード」とシルバーの「スパルローガ」(イケア 右599円、左 999円)

ブロカントの ミルク缶を花器に

「甘辛ミックス」で花とブロカントの相性は抜群。大ぶりの花や枝ものなどを活けるとオシャレ(ぼわっと 6,380円)

オシャレに 小物を収納できる

メタルとガラスを組み合わせたボックスはさまざまなデザインやサイズを見かける人気商品(ZARA HOME「ジュエリーボックス」6,590円)

フランスで人気 メタルフレームタイプ

カードや写真、何を入れてもオシャレにスタイリッシュになる「フォトフレーム」(ZARA HOME 4,390円)

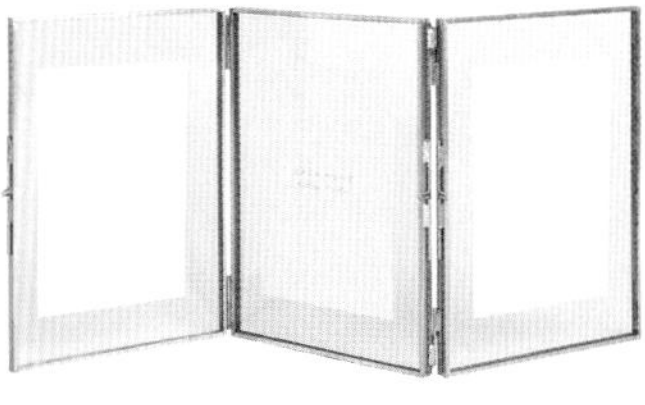

こだわりアロマで リラックス空間を

(上)リモージュ焼の入れ物に入ったもの(ぼわっと 16,900円)(左)人気のジュエリーブランドNilaiのアロマキャンドル(ぼわっと 5,990円)

存在感ある古い天秤を使って

蚤の市で見つけた古い天秤は観葉植物を置いたりアクセサリー置きにしたり便利でオシャレ(ぼわっと 19,800円)

レトロでかわいいガラス瓶

フランスでもいくつも置いて楽しむ家庭が多いアイテム。一輪挿しにするのがgood(ZARA HOME「フラワーベース」右2,790円、左2,790円)

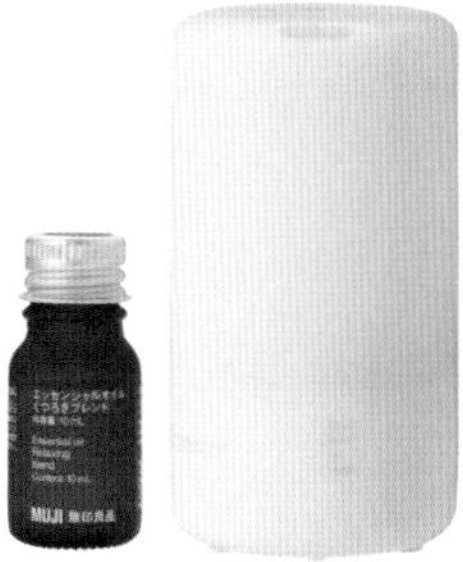

旅先でも使えるアロマディフューザー

LED照明も2段階でつくシンプルな「コードレスアロマディフューザー」。その日の気分でオイルを変えて(無印良品 3,990円、「エッセンシャルオイル・くつろぎブレンド(10㎖)」1,490円)

ぬくもりある木のおもちゃシリーズ

フランスのおもちゃ屋さんでも木のおもちゃが人気(無印良品「木のおままごと食材・まな板セット」2,990円、「レジあそび」5,990円、「日本の木のおもちゃ木のブロック・もくロック小」3,900円)

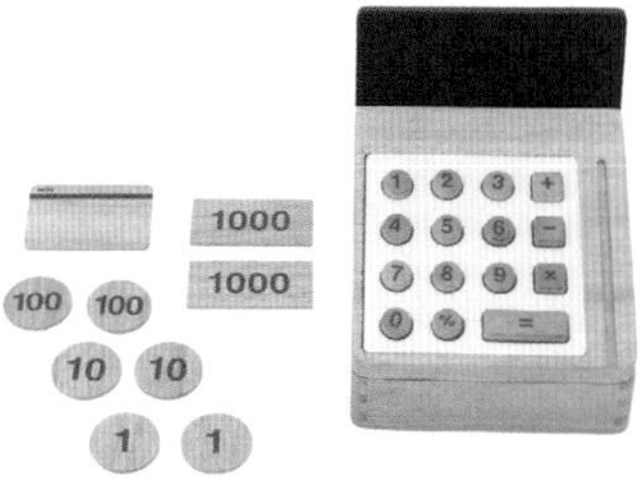

[イケア] https://www.ikea.com/jp/ja/
[ZARA HOME] https://www.zarahome.com/jp/
[無印良品] https://www.muji.com/jp/ja/store
[ぼわっと] https://boite.base.ec/

掲載商品はお問い合わせいただいた時期によっては変更・品切れの場合があります。あらかじめご了承ください。

商品の価格は税込み(10%)表示です。

Episode 2

brocante

「蚤の市」は フランス生活の一部

この本の中でもたくさん登場する「ブロカント」。蚤の市や骨董品を扱うお店で見つけることができる「愛すべき古き良き道具たち」という意味合いを込めて使われる、フランス生活においてとても頻繁に登場する言葉です。

蚤の市は１０８ページの地図に掲載した「ヴァンヴの蚤の市」や「クリニャンクールの蚤の市」のように、毎週末決まった場所で開かれるもの（出店者は基本的にプロの人たち）以外に、全国津々浦々で日々開催されている単発のものがあります。この単発のものにはプロの業者が集まる本格的なものから、「ヴィッド・グルニエ」（＝屋根裏部屋を空にするという意味）と呼ばれる

素人が家にある不用品を並べて売るフリーマーケットのようなものまでさまざまな規模のものがあり、フランス人たちは何か掘り出し物がないか蚤の市をブラブラとお散歩するのが大好きなのです。

蚤の市が生活の一部にあり、ブロカントを上手に取り入れてオシャレな部屋づくりをするフランス文化にすっかり魅了された私も、開催情報を見かければブラブラ散歩に出かけるようになりました。フランス雑貨の店「ぼわっと」を東京にオープンしてからは、パリから遠く離れた地方を旅しながら車の屋根までいっぱいに荷物を積んで帰ってくる「本気の蚤の市めぐり」をする日々を送っています。日本では、きっかけがないとなかなか身近に感じることがない蚤の市ですが、この本に登場するブロカントの使い方を見ていただきながら、自分だけのステキな空間づくりをするときのヒントにしていただけたらなと思っています。

MARTINHO
SILVES - PORTUGAL
SAVON
1987
NATURELLE
Clos La Madeleine
Saint-Emilion Grand Cru
CONNETABLE
TALBOT
SAINT-JULIEN
Clos La Madeleine
Saint-Emilion Grand Cru

Chapitre 4

家事が楽しくなる パリのキッチン

おうち時間が増えキッチンで過ごす時間が長くなるほど、ステキなキッチンアイテムに囲まれていたいですよね。この章ではオシャレな道具、そしてワイン木箱や蚤の市で見つけたブロカントを使い、収納スペースなども自分らしくこだわるパリのキッチンをご紹介したいと思います。

chez moi

毎日おうちごはんを作るキッチン

キッチン道具は「Borgo delle Tovaglie」などP110, 111の店あちこちで買い集めたもの。新しいものと蚤の市の古いものを組み合わせるのはキッチンも同じ▲

numéro_01

古いアパルトマンで あれこれ工夫を凝らす

我が家は、小さい割にはキッチンが広々と使いやすそうだったことも、入居したいと思ったポイントでした。広さが限られる平米数の小さな物件では簡易キッチンと呼べるようなものが多い中、大きな窓もついて換気もバッチリだし、作業スペースも大きくオーブンを置くスペースもあるし、食いしん坊ばかりの我が家にはぴったり。実際、私たちが入居するまでは歴代、近所の有名調理師学校に通う人たちが借りていたようです。

私が引っ越してきたとき、メインルームの床や壁はリノベーションされきれいに張り替えられていましたが、キッチンやバスルームは古いままで入居当時にすでにとても味のある感じ。いつの時代のもの!?　という使い込まれて半分壊

グラスをツールスタンドに

蚤の市（P108）で買うブロカントのグラスやピッチャーなどを使った収納もおすすめ。調味料入れはマルシェで買ったいちごが入っていた木箱▲

ネットバッグでかわいい収納

フランスではおなじみのアイテム。野菜や袋などを入れて見せる収納。「La Trésorerie」「Bon Marché」（P110, 111）や「ぼわっと」で▲

オシャレに隠せるキャニスター

粉、スパイスなど調味料入れとして使われていたキャニスターセットには細かいクリップやニンニクなどを収納。蚤の市（P108）や「ぼわっと」で▲

グラスや小皿、細かいものを収納

人が集まるパーティーも多いので、グラス類は多め。「Les Fleurs」（P111）「ZARA HOME」蚤の市で買ったブロカントなど種類はいろいろ▲

れた電気コンロに、時間がかかるうえにガタガタと踊り出してしまうような洗濯機（フランスのアパルトマンでは洗濯機は大抵キッチンに置かれます）。洗濯機はしばらくしてやはり壊れ、大家さんに許可を取って交換。ところがかなり昔に作られたキッチンには微妙にサイズが合わず戸棚の扉が開かなくなってしまったので、扉は取り外してカーテンに付け替えました。10年以上前の入居当時から使い込まれていた電気コンロもさすがに寿命を迎えつつあり、こちらも大家さんの許可を得て替えることになっているのですが、何しろ相当古い規格のコンロ、今売られているものを入れようとするとサイズオーバーで下の棚を削らなくてはいけないという根気のいるDIYが必要でこれから取り掛かるところ。時間と労力をかけながら、使いやすいキッチンにすべく日々ちょっとずつ進化する我が家のキッチンです。▲

numéro_01

古いアパルトマンであれこれ工夫を凝らす

基本ベースにプチDIYで工夫

イケアのキッチンに革の取手をつけたりプチDIYでこだわりを。キャスター付き作業台も必要に応じて出せる。限られたスペースを有効活用（Raffin家）

chez mes amis

ボトルラックを使って見せる収納

ブロカントの家具にガラスコップをさして見せる収納。形も大きさも違う種類を選んだ透明グラスがオシャレ。「Ailleurs」「Les Fleurs」（P110,111）などで

あらゆる手段で見せる収納

かけたり吊ったり棚を作って置いたり。壁面を有効活用して収納するのがパリスタイル。キッチン道具は「La Trésorerie」（P111）など（Taurelle家）

そのままでオシャレ収納ボックス

ワイン木箱は我が家もキッチン（P54）やバルコニーで愛用しているアイテム。やかんなどは「Bon Marché」（P110）で購入したもの（Raffin家）

細かい食材も スッキリ収納

ワイン木箱を活用して収納ボックスに。プチDIYでキャスターを付けて棚のいちばん下からもさっと引き出せるように工夫している

料理中に 道具を取りやすい

キッチンの棚にツール棒を取り付けてキッチン用品をぶら下げて。70年代テイストが好きなCoîntre家ではオレンジのキャニスターがアクセントカラー

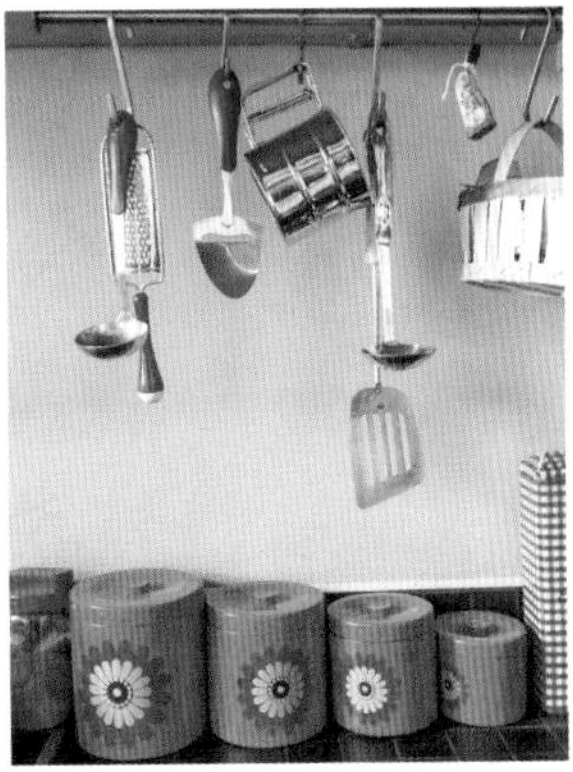

ブロカントの調理器具たち

蚤の市で集めた道具がキッチンの主役インテリア。このMaeda家やP58写真上で使われているマグネット式ツール収納などは「La Trésorerie」(P111)にあり

chez moi

こだわりのお気に入りアイテム

(左) オリーブのまな板はチーズやサラミなどおつまみを載せてそのまま食卓に出すのがフランス流。「La Trésorerie」(P111) などで。包丁スタンドは「山崎実業」(右) お気に入りのクッキー用めんぼう▲

numéro_02

パリで愛されるキッチンアイテム

おうち時間が増えるほど使用頻度が高くなる自宅のキッチン。そのまま食卓に出してもオシャレに使える鍋やプレート、子どもとお菓子を作ったりするときに楽しめるかわいい道具、木のぬくもりいっぱいのオーガニックな道具など今まで以上にひとつひとつにこだわりを持つようになりました。

若い頃は安さ重視だったりしましたが、キッチン周りやベッド周りで使うものは365日お世話になるもの。手に取るたびに「あ〜ステキだなあ。大好きだなあ」と愛着を感じるものを使うことで日々のふとした瞬間にしあわせを感じることができ、少々高いものであっても大切に長く使うので結局は経済的にもプラス効果だなと気づいたのです。

小さめサイズもお気に入り

「ストーブ」や「ル・クルーゼ」の鍋はおいしく調理できるだけでなく、そのまま食卓に出せるのが◎。「BHV Marais」「Bon Marché」(P110)などで▲

ビオのお店で選ぶキッチンアイテム

ハチミツ専用のハニーディッパーやピクルスやオリーブを出すときに便利なウッドトング。「So.bio」「Welcome Bio Bazar」(P110)などで▲

洗剤やソープも香りよいものを

食器洗い洗剤やキッチン専用のブラシなど、毎日の洗い物が楽しくなるステキな雑貨。「So.bio」「Welcome Bio Bazar」「La Trésorerie」(P110,111)▲

お気に入りを何枚も集めたい

トルションはフランスのティータオルのこと。どこの家にもある必須アイテム。上質なリネンのトルションは「La Trésorerie」(P111)や「ぼわっと」で▲

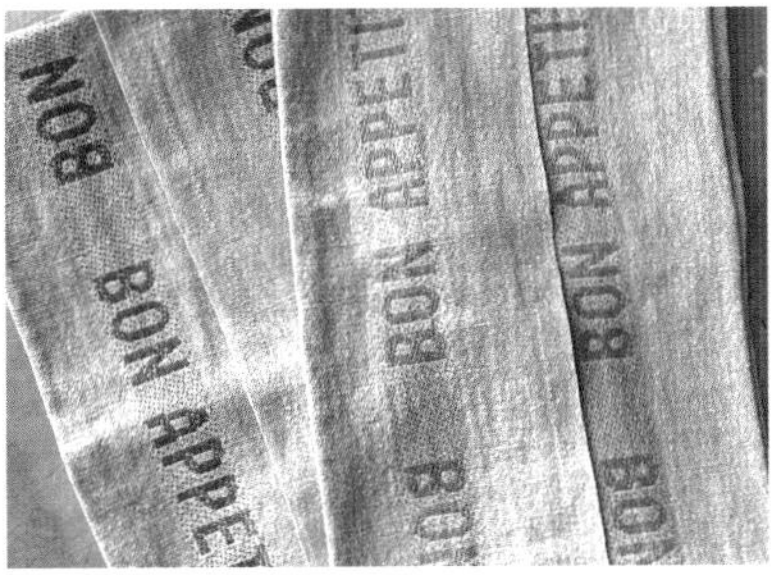

我が家はとにかく小さなアパルトマンなので収納場所にも限りがありますが、収納できる限りたくさんの厳選した大好きなものに囲まれて、毎日の料理時間を楽しく過ごしています。今回110〜111ページに掲載しているパリのオススメショップの多くが、オシャレなフランス人御用達のセレクトショップなど。家の中で使うありとあらゆる分野のものが、厳選されたステキなところばかりですが、キッチンアイテムなら「Welcome Bio Bazar」「BHV Marais」「La Trésorerie」「Bon Marché」などが特にオススメ。この本でオススメグッズを紹介している「ZARA HOME」もオシャレなキッチン道具やカトラリーなどばかりで大好きなブランド。また我が家では、シンプルで実用的なものを探していて、出合って以来気に入っている「山崎実業」の収納用品なども日本から持ち帰り愛用しています。▲

パニエはオシャレな収納グッズ

大小さまざまな大きさのパニエは簡単にオシャレを取り入れられる見せる収納。この小さなものには料理で使うハーブ類を。手前のカゴは卵が入っている

chez mes amis

お皿の代わりになる便利アイテム

まな板、鍋敷き、お皿プレートなどさまざまな用途があるガラスプレート。お土産もの屋などでもいろいろなデザインのものが売られるほどの定番人気アイテム

古い調味料入れを収納ボックスに

蚤の市で見つける人気のブロカント「キャニスター」。P57のように全種類揃わなくても1つだけで使ってもオシャレ。蚤の市や(P108)「ぼわっと」で

ブロカントの温度計をキッチンに

DIYグッズが豊富に揃う「BHV Marais」(P110)でアンティーク風フックを買って、ブロカントをかけたもの。「L'Objet qui Parle」(P111)などで(Tanaka家)

シンプルでスタイリッシュな道具

オシャレで機能的なキッチン道具は「BHV Marais」や「Bon Marché」(P110)で。フルーツスタンドなどは蚤の市のブロカントでもステキなものを見つけられる

中身が見えて便利なガラス雑貨

ガラス瓶やガラスポットはパリジェンヌの必須キッチンアイテム。シリアル、砂糖、パスタ、穀物などを入れて。「Welcome Bio Bazar」(P110)など

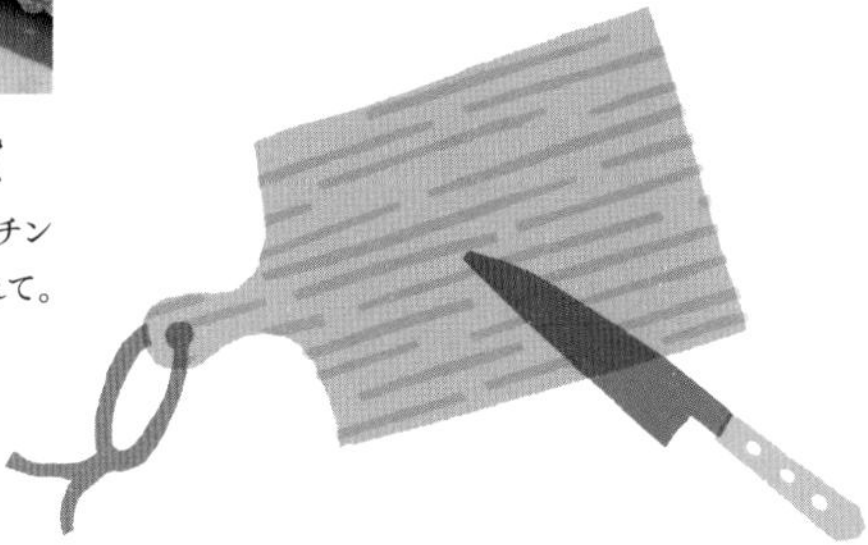

おやつを隠す陶器の入れ物

カフェと一緒につまむチョコレートが入っていた魚のデザインの入れ物。遊び心あるユニークなキッチンアイテムは「Ailleurs」(P110)などに多い

年代物の調味料スタンド

こだわりのアイテムは全て味のあるブロカントを探すというTanaka家。スーパーの調味料が一気にオシャレに。蚤の市や「L'Objet qui Parle」(P111)で

買い出しはゴロゴロカートで

たくさん買って重くなっても心配なし。赤いカートは長年愛用する「Perigot」(P110掲載「BHV Marais」地下1階)のもの。「ぽわっと」でも取り扱いあり▲

numéro_03

お買い物もファッショナブルに

野菜もフルーツも肉もチーズもパンも…。食べるもの何もかもがおいしいグルメの国フランスでは、食材の買い出しも大切な日々の任務。こだわりの食材はマルシェ(市場)や専門店に買い出しに行きます。そんなとき大活躍するのがいろいろなショッピングバッグ。マルシェかご、ゴロゴロカート、エコバッグなど、必ずどのフランス家庭にもあるおなじみのアイテム。かさばるし肩からかけられないものも多いマルシェかごなど、昔から変わらぬデザインのものが今でも愛用されているのもフランスらしいステキなポイントです。ファッションアイテムとしても活躍するおすすめのショッピングバッグは、「ぽわっと」でも常に扱う人気アイテムです。▲

男性も使うショッピングバッグ

右ページのカートは小さく畳めるが、こちらはかごタイプのカート。ちょっとかさばるけど雰囲気があってとてもステキ。この男性はマルシェかごとダブル持ち

chez mes amis

かごを持ってマルシェへ買い出し

このタイプのかごを愛用するフランス人は多い。家に帰ってそのまま野菜やフルーツを入れて置いておいてもステキな収納にも使えるアイテム

カラフルな定番のマルシェかご

南仏など太陽いっぱいの地方に行くほどカラフルなものが揃うマルシェかご。肩掛けできるデザインもとても便利。「ぼわっと」で常時扱いあり▲

軽くて丈夫な折り畳みエコバッグ

これはパリの写真を使って作った「ぼわっと」オリジナルの折り畳みエコバッグ。オプションの革紐をつけるとショルダーバッグにもできるヒットアイテム

いくつあってもかわいいアイテム

日本でも常に人気のかごバッグ。いろいろなサイズや色やデザインが欲しくなるのはパリっ子も同じ。使わないときはステキな収納用インテリアに

使ってみたい!
使える!

おすすめのキッチンアイテム

大好きなキッチン周りの道具たち。1日何度も使うものだからこそ料理の時間が楽しくなるようなステキな雑貨に囲まれていたい♪

自分で挽くから何倍もおいしい

古いブロカントのコーヒーミル。きれいに掃除してちゃんと今でも使えるので毎朝の楽しみに(ぼわっと 12,100円)

キッチンにもいつも花や緑を置く

フランスの蚤の市で見つかる古いピッチャー。どんな花もあっという間にステキに活けられる(ぼわっと 9,680円)

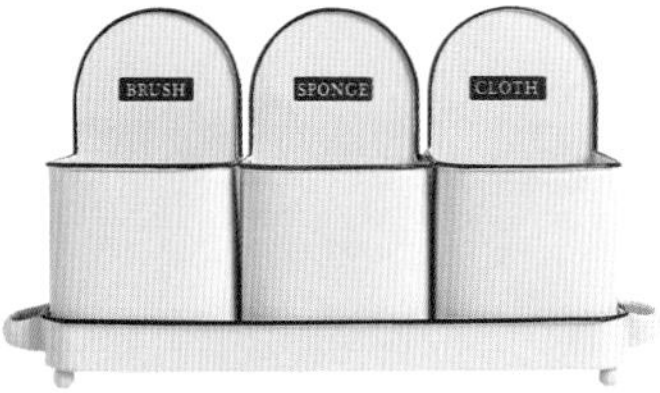

シンク周りがスタイリッシュに片付く

スポンジ、クロス、ブラシなどのキッチン周りの「クリーニングストレージ」。同じシリーズ全ておすすめ(ZARA HOME 4,390円)

見えるところに置いておきたい鍋

グリーンがかわいい鍋「カストルル」シリーズ。毎日の料理が楽しくなりそう(イケア 両手つき鍋 1,999円)

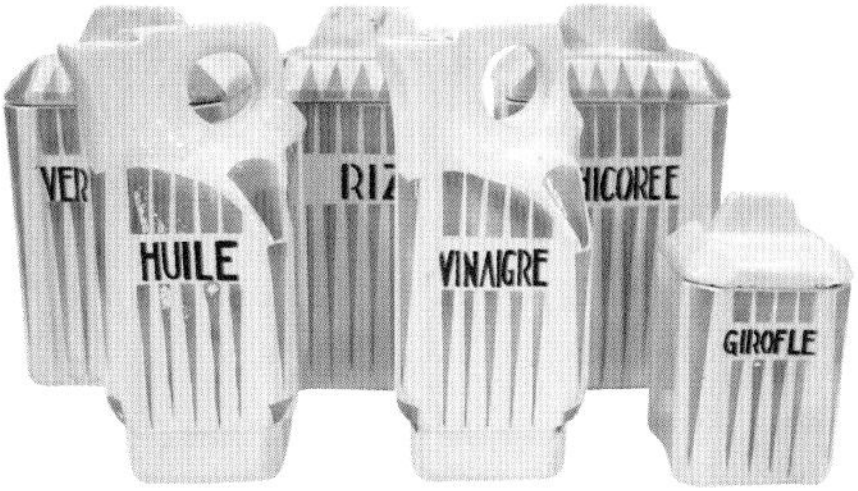

おしゃれキッチンの主役級アイテム

昔の調味料入れであるキャニスター。細かいキッチン雑貨や食材などを入れる収納に（ぼわっと　バラ売り2,800円〜4,800円）

スチール製の水切りボウル

フランスの家庭には必ずあるちょっとレトロなスチールボウル。フルーツや野菜を入れて（ZARA HOME「スチール製水切りボウル」3,590円）

毎日の買い物に便利でおしゃれ

ステキな掃除・買い物道具を出すブランド「ペリゴ」とフランスの伝統的な生地「トワルドジュイ」とのコラボモデルの買い物カート（ぼわっと 9,990円）

ぬくもりある木のキッチン道具

アカシア材の「木製スプーン」と「木製スパチュラ」はキッチンにかけておくだけでステキ（ZARA HOME 各1,590円）

［イケア］https://www.ikea.com/jp/ja/
［ZARA HOME］https://www.zarahome.com/jp/
［ぼわっと］https://boite.base.ec/

掲載商品はお問い合わせいただいた時期によっては変更・品切れの場合があります。あらかじめご了承ください。

商品の価格は税込み（10%）表示です。

Episode 3

bol à café

国民的食器 カフェオレボウル

フランスのかわいいカフェオレボウルたち。フランスではカフェオレボウルのことを「ボル」と呼び、朝ごはんの場面で登場します。街のあちこちにあるカフェで注文してもこのカフェオレボウルに入ってくることはありませんが、一般フランス家庭での朝食シーンでは見かけることの多いアイテムです。

日本でだったら丼物や麺類を入れたくなるような器、「こんな大きなもので?!」と驚く方も多いのですが、ここにたっぷりのカフェオレを入れて、バゲットをたて半分に切って焼いたものにジャムとバターをたっぷり塗った「タルティーヌ」と呼ばれるものや、クロワッサンなどパンを浸しながら食べるのです。カチカチに

硬くなってしまった前の日のパンを食べるために行われていた歴史的な習慣が、そのまま今に引き継がれているようです。

このページの写真は、フランス・アルザス地方のとある窯元を訪れたときのもの。町に住むほとんどがこの工場に関わる人だったという、全盛期は数百人いたという工員も今では一桁になってしまっているのだそう…。東京のお店「ぼわっと」では、私たち夫婦が長年かけて集め続けた古いブロカントのカフェオレボウルが、店内正面にずらりと並んでお店の顔になっています。そしてカフェコーナーでは、この工場で昔から変わらぬ製法とデザインで新たに作ってもらったカフェオレボウルを使って、フランスの朝ごはんスタイルのカフェオレを飲んでいただけるようにしています。伝統的な歴史あるこのような窯元が、いつまでも残っていきますようにという願いも込めているのです。

Chapitre 5

食卓を彩る
カジュアルフレンチ

おうち時間が増えた今だからこそ、朝・昼・晩３食のごはん作りをするキッチンも、食材の買い出しも、テーブル周りを彩るカトラリーや雑貨にも、もっともっとこだわりたい。家族全員で料理を楽しみ、家族全員でおいしい時間を過ごすおうちフレンチを簡単レシピと一緒にご紹介します。

chez moi

大切なコミュニケーションの場

小さな部屋なのでもっと小さなダイニングテーブルに買い換えようかと考えたこともあるものの、家族や友人たちと過ごす食事の時間はとても重要。むしろもっと大きなテーブルが必要な場面が多い

numéro_01

レストラン気分で おうちごはん

フランスでは食事をする時間がとても重要。おしゃべりを楽しみながらたっぷりコミュニケーションをとって過ごします。共働きがほとんどなので、学校や仕事がある忙しい平日は、朝ごはんも夜ごはんも簡単に作れるもので内容はあっさりということが多いです。しかし、時間の取り方は日本に比べたらかなりゆっくり。夜も子どもが塾で不在なんてことはないですし、お父さんが残業で夜中近くまで帰ってこないということもなし。会社のお付き合い飲みという文化もないため、家族全員で食べることが基本です。毎日の食卓を家族全員で囲み、語り合いながら過ごす時間をとても大切にする国なのです。

クリスマスやイースターなど行事ごと

家にいながら旅している気分

スペイン旅行を思い出して、みんなでつまめるタパス料理でワイワイパーティー気分。いろいろなものをちょこちょこ食べられるので楽しくて盛り上がる

テイクアウトでビストロ気分も

おうちごはんが増え、レストランのテイクアウトも盛んになったフランス。こちらは全て大好きなビストロ「Les Enfants Rouges」でテイクアウトしたもの

簡単テーブルウェアテクニック

お気に入りのカトラリーやテーブルウェア周りの雑貨以外に、花や葉など植物を添えると同じものがちょっと豪華に見えてくる!?

盛り付け工夫でちょっと華やか

こちらは手抜きごはんの日の食卓。マルシェで買ってきたチーズ、生ハム、海鮮などを盛り付けて残り物の野菜を混ぜてサラダを作っただけ

に家族や親戚と集まることがとても重要視され、フェット（＝パーティー）も大好きなフランス人。週末やバカンス中は親戚や友人たちと集まることが多いのですが、そんなときもレストランではなく誰かの家でということが圧倒的に多い。我が家のような小さなアパルトマンにですらしょっちゅう友人が集まり、お互いに呼んだり呼ばれたり。おいしいものを食べて飲んで語り合いステキな時間を過ごします。

人を家に招待するというのはなんだかとてもかしこまったことのように感じていましたが、フランスでは招待した側のホストも一緒に食卓を囲み楽しみます。女性がキッチンにこもりきりでおもてなし料理を作るという光景もありません。豪華に見える簡単料理をパパッと作ったり、買ってきただけのおつまみをオシャレに盛り付けたりするのがみなとても上手なのです♪

chez moi

ブロカント食器の食卓

ガラスや陶器のブロカントの食器は食卓を彩るステキなアイテム。同じものを揃えなくても、蚤の市で少しずつ集めたバラバラの種類のものを組み合わせて使う楽しみ方もブロカントを使いこなすポイントです。

柄が浮き上がってかわいい！

ブロカントのガラスコップにチョコレートムース。企業広告用に作られていたノベルティコップなどは「ぼわっと」でもすぐに売り切れる人気アイテム

陶器の皿は個性的なデザインも

休憩のカフェタイムに食べる手作りスコーン。1個だけの寂しい感じでも、ブロカントのおかげでなんだかとてもオシャレなデザートに大変身

ブロカントは和食にもぴったり

白いごはんと焼きサバ（冷凍食品専門スーパー「Picard」（P83）と納豆（アジアスーパーで冷凍を買う）など和食大好きな私のささやかな楽しみ

おせち料理もブロカント皿で

右の写真と同じガラスの皿に盛り付け。煮物を入れてある陶器の皿や角煮が入っているボウルも全てブロカント。このページに登場するもの全て「ぼわっと」

レトロなカットが素敵なガラス

息子のハロウィンごはんのリクエスト、カレーとお化けウィンナーは透明なガラスのブロカント皿に。強化ガラスなので電子レンジもOK

その日の気分で デザインを選ぶ

ガラスや陶器など全く違う素材、そして全てが違うデザインのものでも、テーブル全体でなんだか調和が取れるのがブロカント食器のマジック

chez mes amis

フランスの朝は カフェオレボウルから

ミルクたっぷりのカフェオレを入れていただくのがフランスの朝ごはんの定番風景。「ぽわっと」で出すカフェオレもこのスタイルで出している

大皿で出して みんなで取り分ける

いつものパスタやサラダもあっという間にステキに盛り付け。縁に柄があるものは盛り付けたときにかわいいので、ブロカント初心者にオススメ

ブロカントでおいしさもアップ

Takahashi宅に招待されたときの「ブランチパーティー」。週末は朝と昼が合わさった「ブランチ」と呼ばれるちょっと豪華なごはんをいただくことも多い

おうちで過ごすステキなティータイム

食器は全てブロカントで揃えている友人Takahashi家。ケーキを置く皿もカフェオレをいただくカップも、毎回好きなものを選ばせてくれる♪

食器&カトラリー

前ページのブロカントやこのページの新しい食器。新旧組み合わせるオシャレの楽しみ方は食卓周りでも同じ。「La Trésorerie」「Maisons du Monde」「Borgo delle Tovaglie」「Monoprix」「Astier de Villatte」(P110,111)などがオススメ。

カトラリーはスタイリッシュなものを

ゴールド系とシルバー系の両方を揃え、その日の料理やテーブルコーディネートに合わせて使い分け。P110,111のお店以外には「ZARA HOME」にも多数

パーティーでも大活躍する小物たち

チョコ、クッキー、ソース、調味料などちょっとしたものを入れる食器にもこだわりたい。大きめの長方形プレートにのせたりと重ね使いもオシャレ

遊び心ある個性的なデザインも

かわいいけれど甘くなりすぎない魅力的なデザインが多いフランス。動物のシリーズもセットで揃えて楽しみたくなるものが多い

ル・クルーゼの子ども食器セット

家族でテーブルを囲む食事タイム。赤ちゃんの頃からステキな食器を使ってほしい。オシャレな子ども食器は「Bon Marché」や「BHV Marais」(P110)でも

パリのメトロのタイルがモチーフ

フランス大手スーパーの「Monoprix」(P110)から出されたシリーズ。有名ブランド顔負けのオシャレなシリーズが、シーズンごとに出されるので要チェック

季節ごとに小さな小物を替えて

パウンドケーキなどに便利な長方形の皿はテーブルの上のインテリア置きにも。クリスマス用に発売されていたオーナメントを飾りに「Monoprix」(P111)

楽しいテーブルアイテム

その日の気分やテーマによって選ぶいろいろなテーブルアイテム。毎週末のように誰かの家に集まることが多いフランスでは、急なパーティーでも使えるオシャレで楽しいテーブル周りの雑貨があちこちの店で手に入るのもポイント。

何種類でも揃えたい紙ナプキン

洗い物やアイロンが大変な布ナプキンの代わりに多用される紙ナプキンは素敵なデザインのものばかり。「Monoprix」「Bon Marché」「BHV Marais」(P110,111)

紙皿には
おつまみを載せたい

友人と集まるアペリティフ(おつまみタイム)などで大活躍するパーティーグッズ。洗い物も減って便利。「Bonton」「Smallable」(P110)などで

小物もこだわりの
アイテムを

カトラリーレストの絵付けの先生をしている友人からのプレゼント。ガラスの箸置き(「ぼわっと」で取り扱いあり)はガラスアーティストによる一点もの

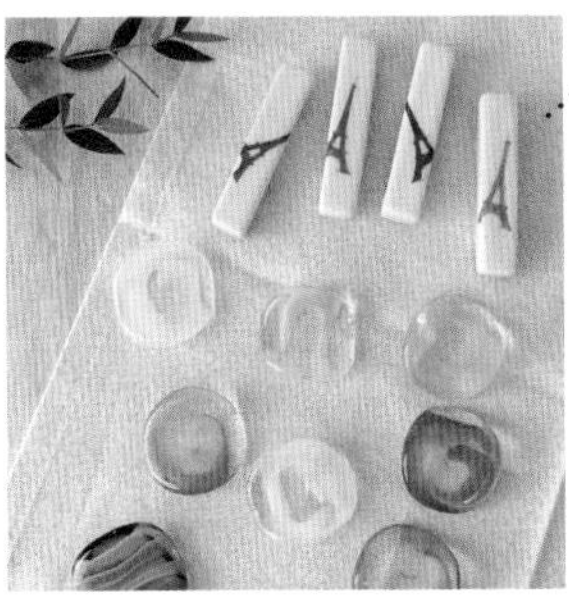

常備したいバースデーグッズ

子どもだけでなく何歳になっても祝い合うフランスの誕生日。どんなケーキにも合うカラーのキャンドルは毎回重宝。「Bonton」「Smallable」(P110)などで

chez moi

キッチンで楽しむ親子の会話

好き嫌いが多い息子には、なんでも挑戦させ一緒に料理することで食べる楽しみにしてもらいたいという作戦。実際に目にして触ることで食材や道具の名前もあっという間に覚えるという利点も

numéro_02

我が家の簡単フレンチ

「プティ・デジュネ」と呼ばれる朝ごはんから始まるフランスの食事。カフェオレ、タルティーヌ（前日の残りのバゲットを半分に切りトーストしジャムやバターを塗る）、ヨーグルト、シリアルなどが並ぶ簡単なものが定番です。

ランチ「デジュネ」はビストロでしっかりいただく場合も、サラダやサンドイッチなど軽食で済ませる場合もありますが、学校や職場のお昼休みはなんと2時間前後。昼からワインをいただくこともありのゆったりしたものです。

夜は、家族と過ごすのが基本。食料自給率120％超えのフランスでは野菜もフルーツも肉も乳製品も何もかも、素材そのものにしっかり味があるから、シンプルな調理と味付けでおいしいく食

ひよこ豆のペーストと麦のサラダ

これはフランスでは超おなじみのペースト。焼き野菜とあえたサラダは日本でも手に入る麦「ブルグル」。食感もよくクセになるおいしさでオススメ

フランスで人気の異国料理

緑のレンズ豆を使った「モンゴ」というスープと日本のかき揚げのような「オコイ」というフィリピン料理。フランス流にアレンジされたレシピも多い

スイーツが映える
ステキなお皿探し

デザートには必ず甘いものをいただく習慣があるフランス。パステルピンクとゴールドのラインが素敵なシリーズは「Monoprix」(P110)で購入した皿

ビストロ気分の
プレートごはん

同じ料理も違うお皿を使うとずいぶん雰囲気が変わるので、その日のメニューによって。これは「Maisons du Monde」(P111)で買ったお気に入りのシリーズ

べられます。
おうち時間が圧倒的に増え、ごはんを作らなくてはならない回数も増えました。毎日のメニューを考えるのは大変ですが、こんなときだからこそ今までできなかったことを、と作ったことのなかったレシピをひたすら順番に制覇したり、いつもと違うスーパーに足を延ばしたり、買ったことのなかった野菜をマルシェで買って食べ方を調べたり、アフリカや東南アジアなど異国料理に挑戦してみたりといろいろ工夫しています。4歳になったばかりの息子もおままごと気分でなんでもやりたがるので、包丁も熱いものも積極的に体験させています。フランスでは料理ができる男性が多く、鍋料理やオーブン料理なんてみんなお見事！　小さい頃からお母さんの料理を手伝っているので自然に身についていて、家族や友人とのごはんのときも活躍する男子が多いのです。

パンペルデュ

バゲットで作るフレンチトーストはキャラメリゼした焼きりんごとクリームをのせてボリューム満点に。ベーコンなどを添えて塩系でも食べられるよう卵液に砂糖を加えません。

◆材料［1人分］

バゲット … 3、4切れ(食パンやブリオッシュでも)
卵 … 1個
牛乳 … 60～80㎖(一部生クリームにしても濃厚)
りんご … $\frac{1}{4}$個
きび砂糖(グラニュー糖でも) … 適量
バター … 適量　生クリーム … 100㎖
砂糖(ホイップ用) … 大さじ1～2
スライスアーモンド … 適量

◆作り方

1. 卵と牛乳を混ぜて卵液を作る。
2. 1にバゲットを浸し一晩冷蔵庫でねかす(急ぎの場合は500Wで片面30秒ずつ温めると一気に卵液が浸透する。電子レンジにより秒数を調整)。
3. りんごに砂糖をまぶしフライパンで焼く。
4. バターを溶かしたフライパンでパンを焼きアーモンドと砂糖をふりかける。
5. 生クリームと砂糖を合わせホイップクリームを作る。(瓶に入れて5分ちょっと振るだけでも濃厚なクロテッドクリームのようなものができオススメ)

ミューズリー

オーツ麦、ナッツ、ドライフルーツが入った栄養満点のシリアルにさらに生のフルーツをたっぷりのせて。ヨーグルトやハチミツや牛乳、好みのものをかけていただきます。

◆材料［1人分］

シリアル(お好みのもの)
ナッツ(ヘーゼルナッツ、くるみ、アーモンドなど)
ドライフルーツ(クランベリー、レーズン、イチジクなど)
フルーツ(バナナ、ブルーベリー、ラズベリー、いちごなど)
ヨーグルトor牛乳
ハチミツor砂糖
※全て分量は自分の好きな量で

◆作り方

1. オーツ麦などお好みのシリアルにナッツ類やドライフルーツ類を加える(最初から全て混ざっているシリアルも多いのでそれが簡単)。
2. バナナ、いちご、ブルーベリー、ラズベリーなど生のフルーツをお好みで加える。
3. ハチミツや砂糖で糖分を加える。
4. カスピ海ヨーグルトや牛乳をかけて出来上がり。

昼食レシピ

ボリュームクロワッサン

息子を送った後、焼き立てのクロワッサンを買ってきて、簡単ボリュームサンドを作りパソコン仕事をするのが私の日課。甘いジャムではなく塩系サンドをつくるのがポイント。

◆材料［1人分］

クロワッサン … 1個
(P83の「Picard」の冷凍クロワッサンもオススメ)
卵 … 1個
バター … 適量
ハム(生ハムでもおいしい) … 1～2枚
チーズ(ここではコンテチーズ) … 適量
塩・こしょう … 各適量

◆作り方

1. フライパンでバターをひき、半熟目玉焼きを作り塩・こしょうをする。
2. 半分に切ったクロワッサンにハム、1の目玉焼きとチーズを挟む。

※熱々の目玉焼きでハムやチーズが程よくしっとり。
※コンテチーズやパルミジャンチーズなどがオススメだがお好みのチーズを使って。
※生ハムバージョンもさらにゴージャスでGood。

キヌア入りポタージュ

フランスではサラダやスープに入れて穀物として頻繁に登場する栄養満点のスーパーフード・キヌア。つぶつぶの食感もおいしくて、炊いて塩をかけただけでもオススメ。

◆材料［2人分］

じゃがいも … 1～2個
ブロッコリー … ½個
ほうれん草 … 1束
インゲンなど … 1パック
ブイヨン(野菜かチキン) … 1個
バター … 適量
塩・こしょう … 各適量
牛乳(もしくは生クリーム) … 200mℓ
キヌア(キノア) … 80g
クルトン … 適量

◆作り方

1. 野菜類を切り、バターで軽く炒めてからブイヨンと一緒にひたひたの水で柔らかくなるまで煮る。
2. キヌア(量はお好みで)を約3倍の量の水で炊き、沸騰後弱火にして20分ほど加熱する。
3. 柔らかく茹でた1をミキサーなどでポタージュ状にし、2のキヌアを加える。
4. 牛乳や生クリームを加え弱火で温める(入れれば入れるほど濃厚になるので量はお好みで)。
5. 塩・こしょうで味を調える。
6. クルトンや生クリームやパセリなど散らす。

おやつレシピ

キャロットケーキ

グルテンフリーが浸透しているフランスで人気の超しっとりキャロットケーキ。ナッツもたっぷりでおやつだけでなく軽食にもなる主役級のおいしさ。日にちがたってもおいしい。

◆材料［パウンドケーキ型1個分］

にんじん … 2本
卵 … 2個
ココナッツシュガー … 60g
メープルシロップ … 大さじ1
ココナッツオイル … 50g

a
米粉 … 100g
アーモンドプードル … 35g
ベーキングパウダー … 大さじ½

牛乳(もしくは豆乳) … 80mℓ
ミックスナッツ … 100g
メープルシロップ … 大さじ1

◆作り方

1. オーブンを170℃に予熱する。
2. にんじんをすり下ろしておく。
3. 卵、ココナッツシュガー、メープルシロップを混ぜる。粉類aをまとめてふるい混ぜ入れる。
4. 牛乳、ココナッツオイル(電子レンジで溶かす)を加え最後ににんじんを加え軽く混ぜる。
5. 型に流し入れ、メープルシロップであえたナッツ類をのせオーブンで40～50分焼く。

夕食レシピ

牛薄切り肉の赤ワイン煮

定期的に作る「ブッフブルギニヨン」の簡単、薄切り肉バージョン。巨大な塊肉を手に入れにくい日本でもすぐにできるオススメレシピ。赤ワインだけで煮込むのがポイント。

◆材料［2人分］

牛肉の薄切り … 300g
玉ねぎ … 1個
しめじ … 1パック
マッシュルーム … 1パック
赤ワイン(安くてOK) … 1本
ブイヨン(野菜や肉) … 1個
ブーケガルニ … 1つ
ニンニク … 1片
小麦粉 … 大さじ2
塩・こしょう … 各適量
オリーブオイル … 適量
付け合わせのごはんやパスタ

◆作り方

1. フライパンにオリーブオイルを熱し、みじん切りのニンニク、牛肉、薄切りにした玉ねぎを炒め小麦粉を振り入れる。
2. 薄切りのマッシュルームとしめじを入れて炒め、赤ワイン、ブイヨン、ブーケガルニを入れ沸騰したらアクを取り弱火でアルコール分が飛ぶまで煮込む。
3. 塩・こしょうで味を調え、とろみがほしければ水溶き片栗粉や小麦粉を加える。
4. 付け合わせのライスはバターとにんじんのみじん切りを入れて炊いたバターライスやフェトチーネなどが相性抜群でオススメ。

Picard（ピカール）で本格簡単フレンチ

フランスの主婦たちの強い味方、冷凍食品専門スーパー「Picard」（ピカール）。日本でも上陸以来人気急上昇のフランスブランドですが、その中でもとっておきのオススメが下の3つ。日本には未入荷の商品もまだまだたくさんありますが、日常使いからパーティー用のメニューまで絶対に使って損はないオシャレな冷凍食品ばかり。ぜひお試しを！

［picard］ https://www.picard-frozen.jp/

フランス南西部の伝統的な料理「鴨コンフィ」はカフェの定番メニュー。鴨の脂でじっくり煮込まれた肉はお箸でほぐれるほど柔らかい

鴨コンフィのいちばんの付け合わせが鴨脂で炒めたニンニクとパセリの風味たっぷりのジャガイモソテー。これだけでおつまみになるおいしさ

本場フランスの味を焼き立てで楽しめるパンはどれも常備したいオススメ。特にクロワッサンやパン・オ・ショコラは毎日食べたいおいしさ

冷食レシピ

鴨のコンフィとジャガイモ炒め

家ではなかなか作れないフランスのカフェメニュー超定番の「鴨コンフィ」も冷凍食品専門スーパー「Picard」のアイテムを使えば超簡単に再現。付け合わせのポテトがポイントです！

◆材料［2人分］
鴨コンフィ … 2本
じゃがいもの炒め物 … ½袋

◆調理のポイント
基本は「Picard」の商品の袋に掲載されている作り方を参考にしますが、ここではもっとおいしく食べていただくためのポイントを！
※「鴨コンフィ」は電子レンジとフライパン（もしくはオーブン）の合わせ技がベスト。電子レンジで温めてからフライパンでパリッと表面の皮をこげるくらいまで焼くと、あっという間に完全なビストロの味に。
※「鴨のコンフィ」の定番の付け合わせとして紹介している左のじゃがいものソテー。コンフィが浸かっていた脂で味付けされているのが最大のポイントなのですが、残念ながら日本には入荷されていません。類似商品の「ジャガイモのロテサリー風」がオススメですが、炒めるときに「鴨コンフィ」を温めたときに余る脂を使って炒めればフランス風でおいしい！

使ってみたい！
使える！

おすすめのカトラリー&テーブルウェア

気軽に使えるステキなアイテムで
毎日のごはん時間はもちろん
急な来客や友人とのパーティーも
オシャレにテーブルコーディネート。

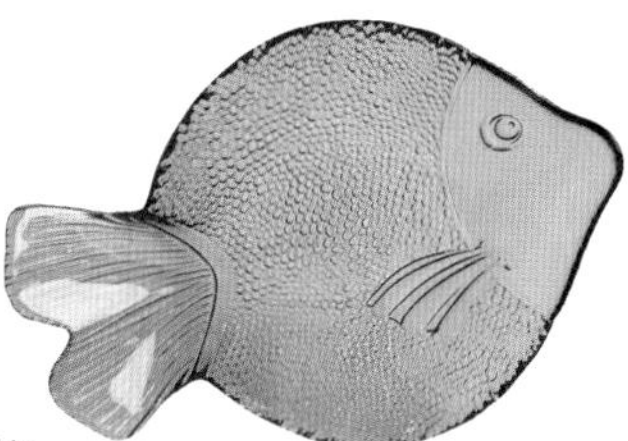

使用頻度が高い便利なガラスプレート

どんな料理もステキに見せてくれるガラスプレートは持っているととても便利なアイテム。耐熱のものも多い（ZARA HOME「プレート」3,590円）

つばめプリントのガラスコップ

ブロカントの小さなコップ。お酒はもちろん先付けなど前菜を入れてもステキ（ぼわっと　左から1,500円、1,200円、1,800円）

大人顔負けのかわいいカトラリー

子どものカトラリーや食器もオシャレなものを使いたい（ZARA HOME「キッズカトラリーセット」1,990円、「シリコンプレート」1,390円）

ガラスのドームスタンド

お菓子やドライフラワーを入れて何倍もオシャレになるふたつきのケーキスタンド「アルヴ ブローロップ」（イケア 1,999円）

紙ナプキン使いで気軽に食卓を華やかに

季節やメニューでデザインを選びたい、常に何種類も常備したい日々の食卓を楽しくする必須アイテム、「ローセンヘッタ」のナプキン（イケア 各149円／30ピース）

ブルーが印象的なデザイン入りボウル

同じボウルだけど全て柄が違うところが、ちょっとブロカントの食器の楽しみ方と似ていてステキ（イケア 「アントゥシアスム」1,299円／4ピース）

レトロな風合いのグリーンのピッチャー

おもてなし用にミント水やレモン水を入れておきたくなるピッチャー「サルスカプリグ」（イケア 1,499円）

フラワーモチーフのコットンテーブルナプキン

布製のものはおやつなどでランチョンマット代わりに敷いたり使い道もいろいろ（ZARA HOME「フラワープリント テーブルナプキン」上1,790円、下1,990円／2枚セット）

蚤の市で見つけたステキなテーブルウェア

古いカトラリーなどテーブルウェアはデザートタイムやパーティーなど特別な時間に使いたい（ぼわっと 1,800円／1本）

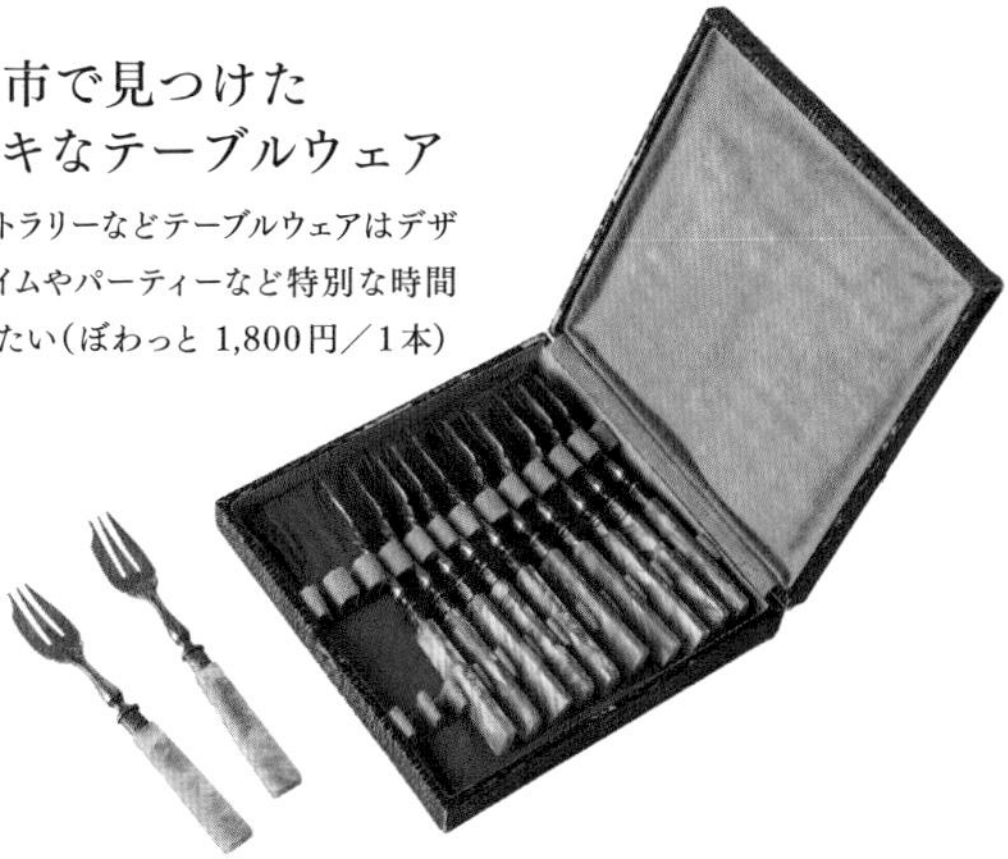

［イケア］https://www.ikea.com/jp/ja/
［ZARA HOME］https://www.zarahome.com/jp/
［ぼわっと］https://boite.base.ec/

掲載商品はお問い合わせいただいた時期によっては変更・品切れの場合があります。あらかじめご了承ください。

商品の価格は税込み（10%）表示です。

Episode 4

Magasin BIO

フランスは ビオ先進国

「ＢＩＯ」（ビオ）、日本で言うと「オーガニック」のこと。フランスは食べ物、コスメ、雑貨類など生活に関わるありとあらゆる分野にこの「ビオ」という言葉があふれているくらい、ビオが日常に溶け込んでいる国です。

フランスに渡るまで、自分自身「オーガニック」に関心があったのか、手に取ったことがあったのかすら覚えていないのですが、２００３年に渡仏して以降はフランスでのビオブームが年々高まるのを肌で感じ、ビオに接する機会が多くなっていったのをとてもよく覚えています。最初の頃はビオといえば「意識高い系」の人たちのものというイメージで、「ビオのマルシェ」なんていうのもとても特別なものとしてガイドブックで

BIOの雑貨やバスグッズやコスメなどは「Welcome Bio Bazar」「So.bio」
「La Maison by Nad Yuht」「Officine Universelle Buly」(P110,111)などで

紹介され、観光客が押し寄せたりしていましたが、今ではすっかり全国民の日常に当たり前にあるものというイメージに。

カフェやパン屋を見つけるのと同じくらい簡単に、パリのあちこちにビオのスーパー（１１０〜１１１ページで紹介している「Ｓｏ・ｂｉｏ」もそのひとつ）やビオ専門青果店のような店を見つけることができます。そしてその数は今でも日々どんどん増えていっています。普通のスーパーでもビオ商品ばかりが並ぶ棚のスペースはかなり大きく、会社ごとに出す自社製品も、通常のもの以外にビオのシリーズも必ずあるほど。身近に当たり前のようにあるという環境のおかげもあり、私もいつの間にか意識的にビオを選択するように。特に子どもが生まれてからはバスグッズ、おやつ、グルテンフリーの食品、生活雑貨などさまざまなビオを愛用しています。

Chapitre 6

気分を上げるファッション

シンプルで質のいい暮らしをするための自分らしいスタイル。基本ベースはナチュラルにして、アクセサリーや小物類をアクセントに楽しむ。何気ないいつもの日常を楽しくハッピーにしてくれ、毎日身につけていても飽きのこない、ずっと大切だと思えるアイテムにこだわっています。

mon style

親子で楽しむリンクコーデ

スカーフと子どものレインコートをお揃いにして。さりげなくリンクコーデできるようなアイテムを探して親子でファッションを楽しむ

numéro_01

パリジェンヌ流ファッションのコツ

この本の中では全体を通して、「基本はシンプルでナチュラル」で、そこに自分の嗜好や趣味をプラスすることで自分らしい心地よい空間をつくっていくということをご紹介しましたが、それはファッションに対する考え方も基本的に全く同じ。

「華やかな『パリコレ』シーンがニュースや雑誌で紹介され、日本人の憧れるたくさんの超高級ブランドがある国なのに!?」と思う方もいらっしゃるかもしれませんが、あの世界は超階級社会のこの国の上層、ごくごく一部の人たちの話。きらびやかな上流社会ももちろんステキですが、普通の生活をする人たちはブランドものや流行ものに影響されることなく、自分の身の丈に合ったもの、自

秋冬は1カ所明るいポイントを

日照時間も極端に短く、暗くなりがちな秋冬にはちょっと華やかで明るくなるようなアイテムどこかに入れるのがコーディネートのポイントに

春夏コーデは明るく楽しく

何着も愛用している大好きなブランドの個性的なプリントが気に入っているスカパン（スカートパンツ）を春夏の主役に。朝晩の寒暖差の調整はスカーフで

分のスタイルに合った好きなものに囲まれて「上質でシンプルな暮らし・ファッション」をしているのがフランスのリアルな姿です。

　TPOに合ったオシャレが上手なのもフランス人たちがとてもスマートに見えるポイント。日常生活ではとてもカジュアル。送り迎えのママたちもジーパンにTシャツなどとにかくシンプル（でもだらしなくないし清潔感がある）ですが、いざ特別なパーティーやソワレとなるとオシャレにもメイクにも気合いが入ります（ちなみにメイクも普段から最小限。ファンデーションは塗らない人もいるほどナチュラルです）。「フランスに住んでいる日本人と観光客の違いは、メイクの濃さとファッションの気合いの入れ具合を見ればわかる」とよく冗談で話されるのですが、あながち間違っていないくらい普段のパリっ子はシンプルでナチュラルです。

私のお気に入りスタイル

カメラ機材を持ってあちこちを歩き回っての取材、走るのが早いパワーあり余る息子と公園…と1日中アクティブに動くことが多い生活なので、まずは動きやすかったり走りやすいことが全ての基本。

子どものズボンとお揃いで

息子と常に追いかけっこの日々。スカートタイプの洋服もパンツ状になっているものを選んでしゃがんだり立ったりでも問題ないように

お団子ヘアはトレードマーク!?

仕事でじゃまにならないように、髪は常に結ぶスタイル。パリジェンヌたちがさっと簡単にまとめてしまうお団子ヘアを参考にしながら…

石畳のパリでは歩きやすさが重要

パーティーなど特別な時以外はヒールの靴はほとんど登場せず。パリっ子にも人気のバレエシューズのレペットは「Bon Marché」(P110)で

大好きなエコバッグのひとつ

パリジェンヌにも大人気。大好きなブランド「Brigitte Tanaka」のオーガンジーバッグ。オシャレ着でも使えるのでとても重宝している

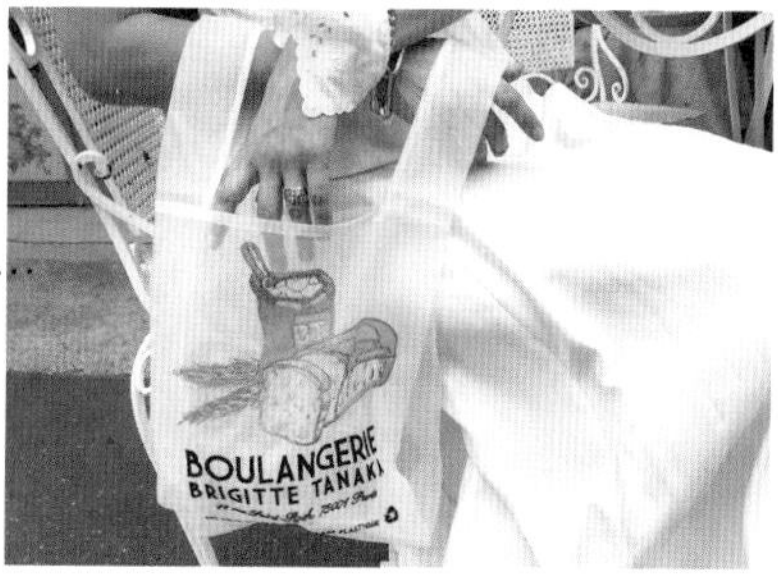

アクセサリー

毎日使っているアクセサリーブランドたち。東京の店「ぼわっと」でもここで紹介する全てのブランドを取り扱っています。繊細で何にでも合うものやシンプルな中でパッと映える個性的なデザインがお気に入り。

フランスアクセの基本はゴールド

（左）シンプルで大人っぽいデザインが人気のブランド「Nilai」。（右）ビーズを編んでひとつひとつ手作りしているブランド「mimou」

世界にひとつの形と色を選ぶ

パリにアトリエを構えるデザイナー、ナターシャ自身が世界を旅して見つけた天然石の原石そのままを使って作っているジュエリー「Concerto no.1」

陶器の動物シリーズ NACH

かわいい姉妹が立ち上げた南仏トゥールーズで作られるブランド。陶器の動物モチーフが人気で、パリのセレクトショップでも大好評

キラキラシャンデリアのピアス

長年愛用しているいちばんのお気に入りブランドのひとつ「miss Bibi」。シャンデリアはゴールドもシルバーも雰囲気が違って両方ヘビーローテーション

女性らしいハイヒールシリーズ

ミニチュアをテーマにしたデザインが人気の「miss Bibi」ブランドができた当初からの大好きなモチーフ、ハイヒールのピアス。リングやネックレスもあり

帽子

オシャレとしての意味はもちろん、紫外線が強いヨーロッパでは1年を通して帽子やサングラスが必須アイテム。冬は防寒具として帽子は欠かせず、子どもの頃から日常的に親しむ文化があります。

秋冬シーズンに愛用する帽子

帽子に付けているのは月と太陽をモチーフにしたフランス製「マグネットブローチ」。穴を開けられないものに簡単に付けられ「ぽわっと」でも人気の商品

夏に活躍する麦わら帽子

1年を通して日差しが強いヨーロッパでは帽子は大人も子どもも欠かせないアイテム。ホワイトやグレーなど色もたくさん揃えて使いわけている

差し色をオシャレに使いこなす

男女問わず、年齢問わず、パリではベレー帽が人気。コートと同じ色のベレー帽をかぶる女性も、シックな色の組み合わせも2人ともとてもオシャレ

パーティー用の帽子専門店も多い

ウェディングなど特別なパーティーやソワレではとびきりのオシャレをするフランス人。映画の中に出てくるようなステキな帽子を着こなしてしまう

スカーフ

自分らしい個性を出すアイテムの代表とも言える、パリジェンヌたちが大好きなスカーフ。朝晩の寒暖差が激しいフランスでは、ちょっと寒くなったときにさっとはおるという意味で、本当に実用的な意味もあるのです。

朝晩の寒暖差はスカーフで調整

子どもオシャレセレクトショップ「Bonton」(P110)のロゴ入りスカーフとトートバッグ。さりげなく子どもとリンクコーデができるのでお気に入り

シルクのようなコットンスカーフ

フランスで撮った写真を使いデザイナーさんとコラボで作った「ぼわっと」オリジナルのスカーフシリーズ。フランス地方の港町「ディナン」で撮った自転車

スカーフをカバンに巻いて

差し色がオシャレのポイントに。バッグはジャクソンズ「Les Fleurs」(P111)や「ぼわっと」で取り扱いあり。スカーフは「ぼわっと」オリジナルシリーズもの

バンダナスカーフもパリらしい使い方

頭に巻いて使うのもよく見かけるスタイル。これは右上の「ぼわっと」オリジナル。頭に巻いたとき、ちょうど良いサイズ感になるようデザインされている

いつものスカーフをエコバッグに

パリジェンヌのオシャレなスカーフの使い方。日本でいう風呂敷のようにスカーフがエコバッグに大変身。気分や洋服ででデザインや色を替えて

使ってみたい！
使える！

おすすめの文房具

家で仕事をする時間も増えたから
机周りの文房具や雑貨も
気分がちょっと盛り上がるものを
揃えてみてはいかがでしょう。

パリで見つけたボールペンたち

トリコロールカラーにエッフェル塔にイニシャルに星の王子さま。フランス要素いっぱいのボールペン（ぼわっと 右750円、真ん中935円、左528円）

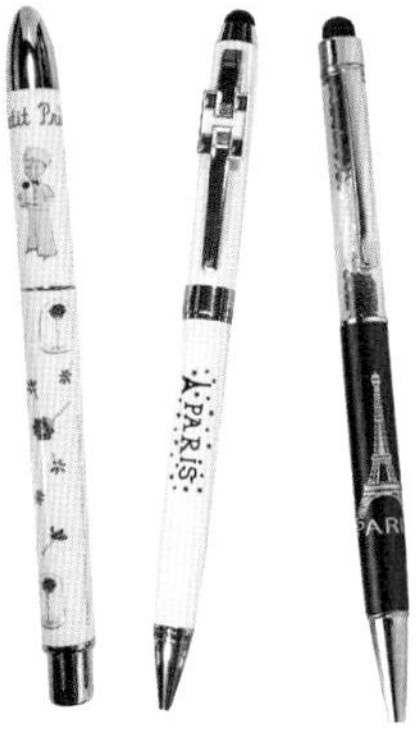

オシャレで便利なマスキングテープ

ノートやメモが一瞬でスケジュール帳に大変身。「ミシン目入りマスキングテープ フリーダイアリー・曜日、日付」（無印良品 各190円）

レトロでかわいい缶トレイを小物置きに

フランスの古い企業ポスターや有名画家の絵をモチーフにした人気シリーズの缶トレイ（ぼわっと 各750円）

遊び心のあるかわいいシール

丸みのあるいろいろな形を自由に組み合わせて使うシール。大人も子どもも楽しめる（無印良品「組み合わせて使うシールシート」390円／3枚）

※写真下は使用イメージです。商品には含まれません。

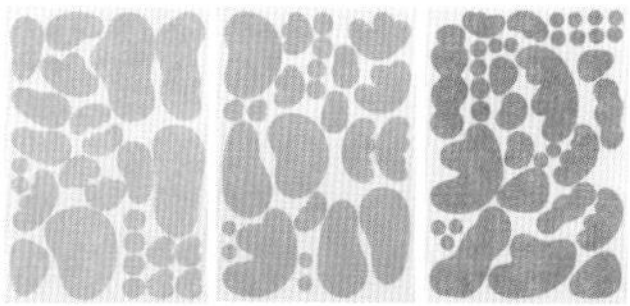

気になることを すぐメモできる

「フリースケジュール付箋紙」と「インデックスにもなるチェックリスト付き付箋紙」(無印良品 上100円、下250円)

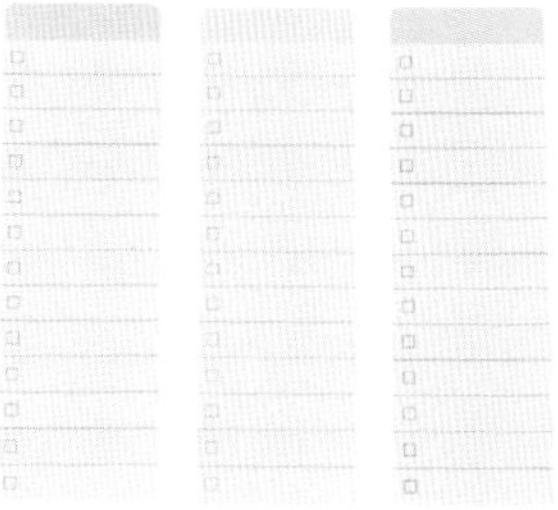

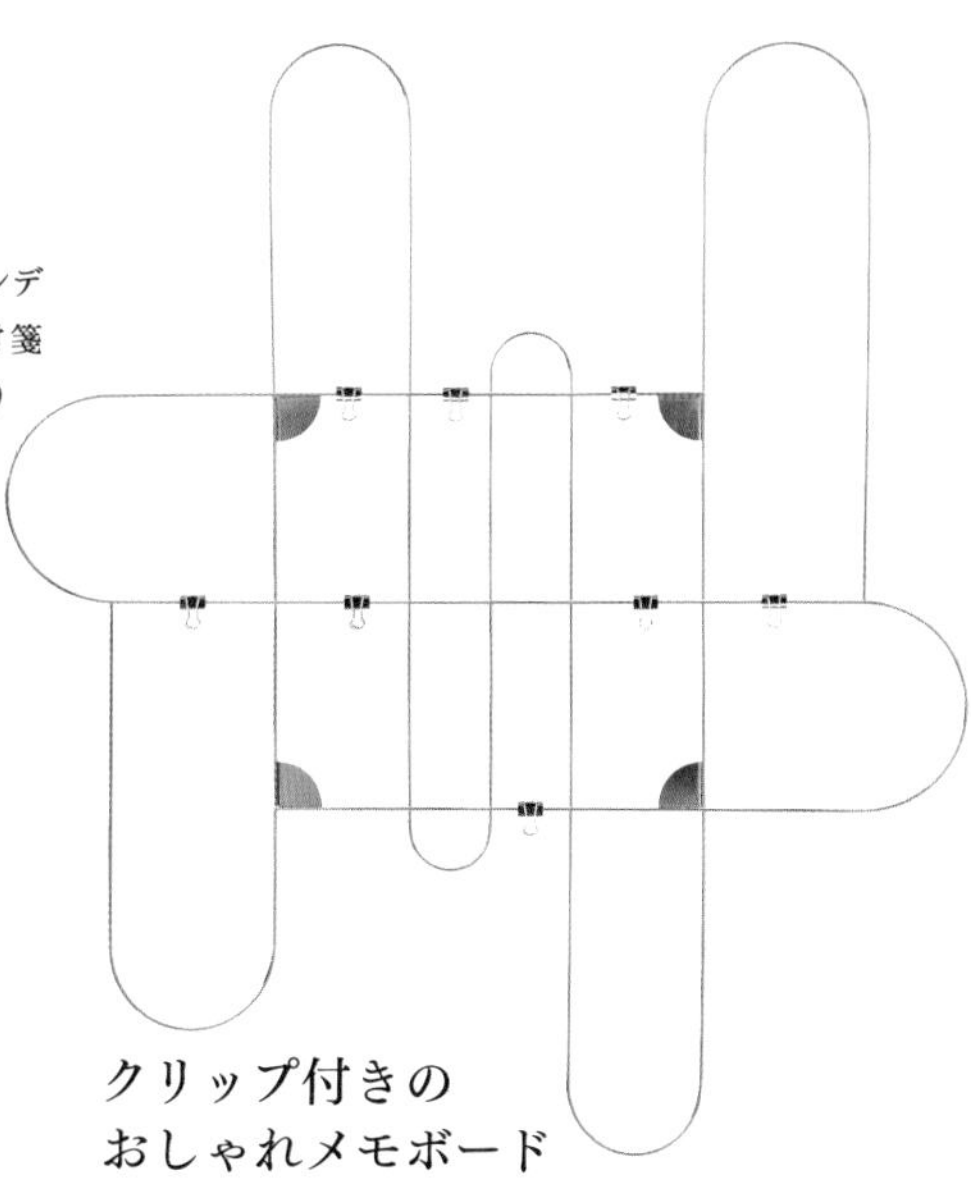

クリップ付きの おしゃれメモボード

仕事机周りのメモの整理に大活躍。ゴールドでスタイリッシュなメモボード「コルスモン」(イケア 1,299円)

机周りを スリムに整頓

バッグインバッグとして使える「クナッルボーゲ」は細かい雑貨の整理にも。そのままバッグに入れてお出かけも(イケア 799円)
※中身は商品に含まれません

小さな小物は トレーに入れて

シェルホワイトのトレー「ニフォンガード」。細々した小物はトレーに入れて管理(イケア 599円/2点セット)

動物モチーフは 癒やしのアイテム

ネコ好きにおすすめしたいふた付きの缶3点セット「プルッグヘスト」。机周りの細々した雑貨の収納に(イケア 499円)

[イケア] https://www.ikea.com/jp/ja/
[無印良品] https://www.muji.com/jp/ja/store
[ぼわっと] https://boite.base.ec/

掲載商品はお問い合わせいただいた時期によっては変更・品切れの場合があります。あらかじめご了承ください。

商品の価格は税込み(10%)表示です。

NOAH

Chapitre 7

おうち時間を楽しむ
手作りのもの

何かを手作りしたり工夫して直したりが上手なフランス人。もともとDIY文化が根づいたこの国で、おうち時間をよりいっそう楽しもうとさまざまなDIYキットが発売されたり、誰でも簡単にチャレンジできるものの人気が高まっています。この章ではその中から、日本でもネットやお店で手に入るものをご紹介します！

chez moi

おうち時間充実のDIYキット

初心者用からエキスパートまでいろいろな難易度がある最近パリで人気のペーパークラフトを、なんでもやりたがる息子と一緒に作ったものを

numéro_01

フランス人のDIYマインド

フランスは超がつくほどの「ブリコラージュ」(＝DIY)大国。家具や電化製品のリメイクや修理だけでなく、普通は業者にお願いするような規模の家のリノベーションまで自分たちで手掛けてしまう人が多いほど、DIYが日常生活の一部になっています(この本の中にも手作りの収納など工夫がいっぱい)。おうち時間が増えたことをきっかけにこのブームはさらに広がっていて、百貨店や雑貨店でも何かを作るキットなどの売り場がものすごく増えました。クロスステッチやフランス刺繍など、手芸やカルトナージュ、カリグラフィーなどはもともと人気のものですが、大人も子どもも楽しめるようなDIYキットがさらに続々と発売されていています。

カルトナージュ

組み立てた厚紙に美しい布や紙を貼って作るフランスで生まれたクラフトアートのこと。最近では既製の箱に布や紙を貼りカルトナージュ風クラフトを楽しむ人も。子ども向けアトリエでフォトフレームを作ってみました。

◆作り方

1. 「カルトン」と呼ばれる厚紙やケント紙などで必要なパーツをカットして準備する

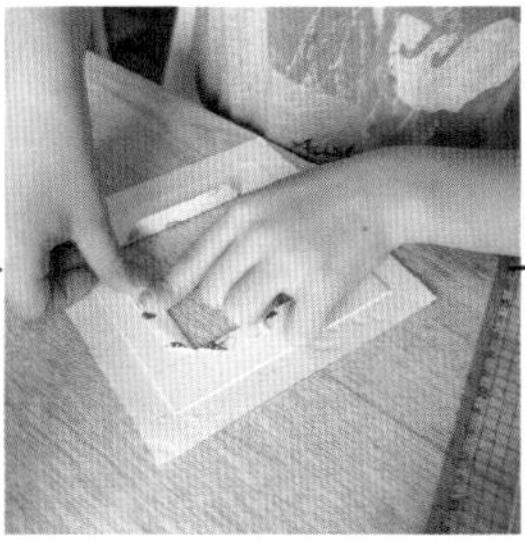

2. 紙と紙を貼り合わせていく。縦方向と横方向などにも注意するのが、きれいに仕上がるコツ

3. 自分で選んだデザイン紙を貼って各パーツを作っていく

4. 専用ボンドやクラフト紙を使って貼り合わせる作業は仕上がりに影響してくる重要なポイント

5. 写真を入れる差し込み口など、考えることもいっぱい。最後のパーツを貼り付けて…

6. 完成！ 何度か繰り返して練習してみないとすぐに忘れてしまいそうな重要ポイントも多い

Atelier

今回カルトナージュ体験をしたのは、パリでカルトナージュ教室を開催する「Atelier Cahier Bleu」。

インスタアカウント@ateliercahierbleu

パンチニードル

モコモコした独特の出来上がりがかわいいパンチニードルは、パリジェンヌの間で大流行中。専用の針を使って刺繍糸や毛糸を埋め込んでいく作業はクセになる楽しさで、手芸初心者でも簡単にできるのが大きな魅力です。「BHV Marais」(p110)や「ぼわっと」で購入できます。

◆作り方

1. キットには刺繍枠、毛糸、布、専用ニードル、図案、毛糸通しなどが入っている

2. まずは図案を布に写す。写しやすいように私は太いペンでしっかりなぞってから

3. 布を刺繍枠にはめ、専用ニードルに毛糸を通して準備

4. 図案に合わせてニードルをブスブス刺していくだけで、モコモコが埋め込まれていく

5. 刺し方は動画で見ると一目瞭然。「ぼわっと」のインスタアカウントにもアーカイブがあり

6. 刺し終わったら周りの布を後ろ側に縫い付けて完成！ キットのデザインはいろいろあり

ポワン・ヌエ

こちらもパリで人気上昇中のポワン・ヌエ。専用のかぎ針を使って短く切った毛糸を目の粗い生地に絡ませていくと、モコモコのタペストリーのようなものが出来上がります。コツコツ作業をするのが好きな人にオススメ！

◆作り方

1. パンチニードルと同じ会社の人気のキット。「BHV Marais」(P110)や「ぼわっと」で購入可能

2. キットには毛糸、専用のかぎ針、デザイン図、生地が入っている

3. まずは毛糸を同じ長さに切る作業。厚紙に巻いて4.5㎝から5㎝にカット

4. ポワン・ヌエはひたすらコツコツ続ける作業。テレビなどを見ながらゆっくり楽しむのがオススメ

5. 全て終わったら周りの余った生地をカットして完成！ このまま飾るだけでステキなインテリアに

6. 「ポワン・ヌエ」や「パンチニードル」はかわいいデザインがいっぱいの本も出ているくらい人気

ストリングアート

木のボードに釘を打ち付けデザインの下地を作り、糸をかけていくのがストリングアート。例えば星などとてもシンプルなデザインにして板に釘を打つところから、子どもと一緒に楽しんでオリジナルのインテリアを作ってもステキ。

◆作り方

1. ストリングアートのキットにはすでに細かく釘を打ったボードと刺繍糸が入っている。「BHV Marais」(p110)や「ぼわっと」で購入可能

2. デザインに合わせ刺繍糸をひっかける。図案の立体感を考えながら順番を考えるのがコツ

3. 子どもや男性でも楽しめるストリングアート。ボードを塗るとさらにオリジナル度アップ！

クロスステッチ

定番の人気キット・クロスステッチ。これはセンス抜群のオリジナルキットが人気の「Le Bonheur des Dames」というフランスのブランドのもの。「ぼわっと」で常時取り扱いあり

◆作り方

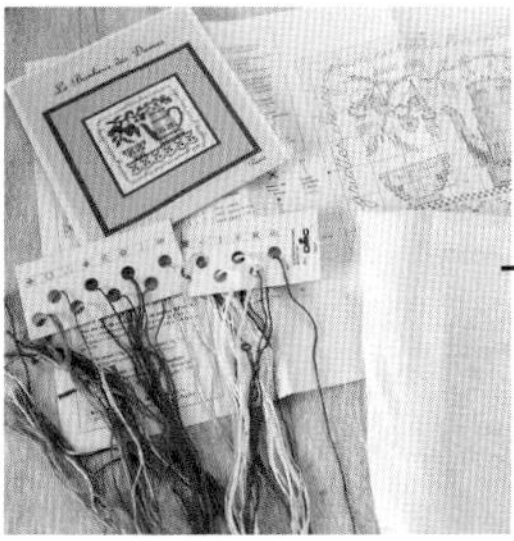

1. キットには図案、生地、糸、針が入っている。糸の色も記号で表されているのでわかりやすい

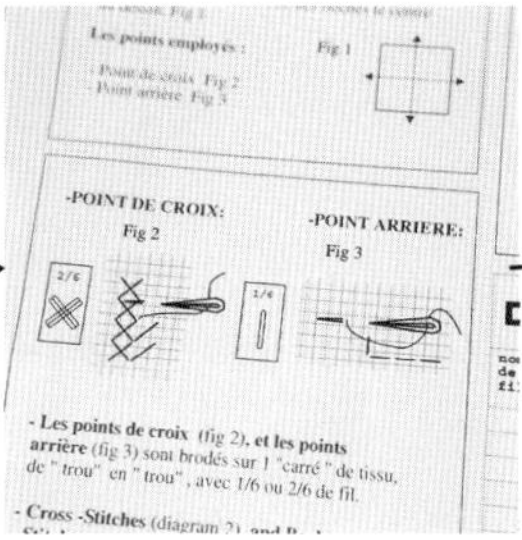

2. 刺繍糸の2本どりや1本どりなどの指示も、イラストでわかりやすく書かれている

3. こちらも毎日コツコツ楽しみたいキット。初心者から上級者までさまざまな難易度あり

動物ペーパークラフト

壁から飛び出すデザインの動物の頭など、インテリアとしても人気急上昇中のペーパークラフトシリーズ。フランス製のセンス抜群のブランドで、動物の種類も難易度もすごい種類！「BHV Marais」(p110)や「ぼわっと」で。

◆作り方

1. 壁から飛び出す剥製のように飾るタイプ、置き物タイプなど動物のデザインもいろいろ

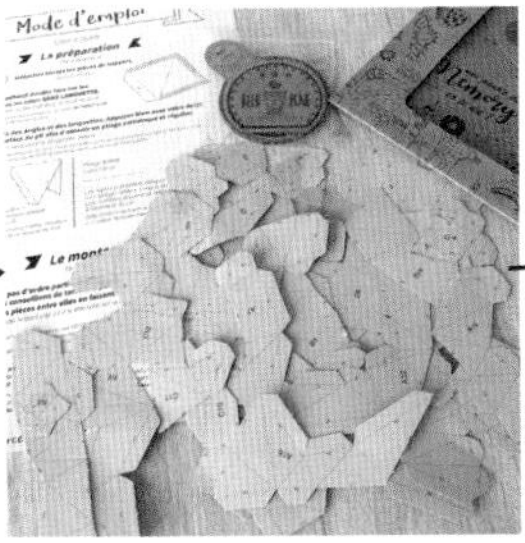

2. まずは全てのパーツを切り離す。切り取り線が入っているので作業は簡単

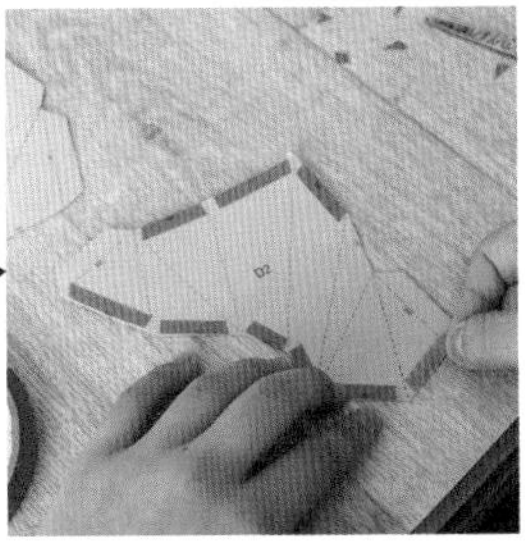

3. 全ての数字が書いてある部分（ベロの部分は除く）に付属の両面テープを貼っていく

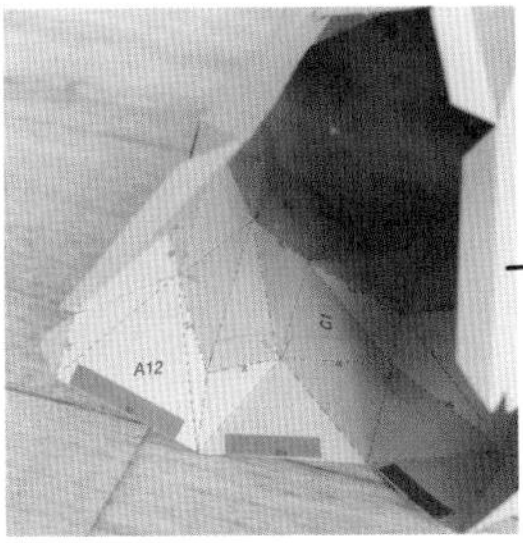

4. 同じ数字どうしを探して貼り合わせていく

5. 好きな部分からでいいが大きめのパーツから組み立てると最後がラク

6. スタイリッシュなデザインがステキ。このタイガーも背面に壁にひっかけるための穴が開いている

ガーランド

P98の子どものベッド周りのクッションやガーランドは全て手作り。「Smallable」や「Bonton」(P110)などのオシャレ子どもセレクトショップのセンスを参考にして生地選びから楽しんで作っています。

◆作り方

1. グレーがかった色やペールトーンの色を組み合わせ、子どもっぽくなりすぎない生地を選んで

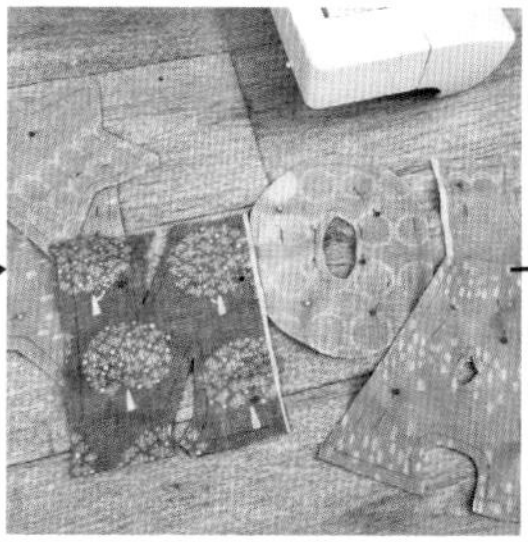

2. 難しいポイントは「O」など円形のものを縫ってひっくり返す時！ ネットの動画を見て研究

3. 綿を詰めて縫い合わせれば完成！ 1歳になるまでの毎月の記念写真用の数字も同じように作製

子ども服のぬいぐるみ

どんどん小さくなる子ども服。特に赤ちゃんの頃は思い出もいっぱいだし捨てがたいけれど、残念ながら全て取っておくスペースはない…。というわけで、思い入れのある洋服やボディを使ってぬいぐるみを作ることに！

◆作り方

1. 参考にした本は素朴さが気に入った『そぼろのおとぼけぬいぐるみ』(誠文堂新光社)

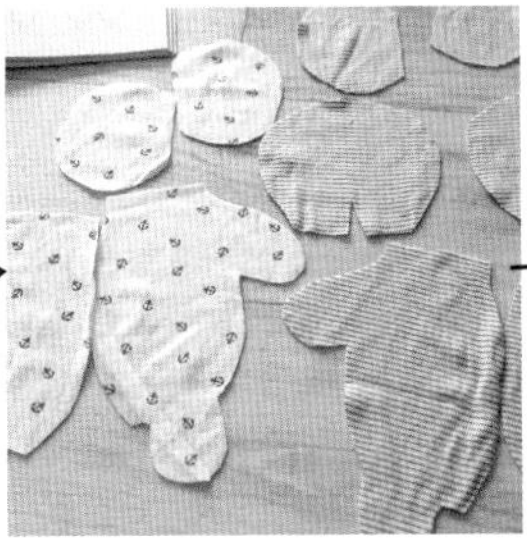

2. 赤ちゃんの頃の思い出のボディを２枚選んで各パーツにカット

3. 各パーツを縫い合わせる。今回は地道にコツコツ手縫いで

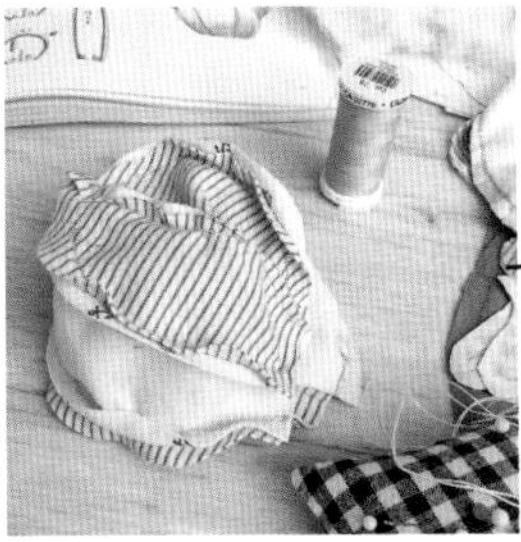

4. 思い出の洋服でコアラの頭部分ができてきた

5. ペレットと呼ばれるビーズ状の粒を下半身に入れ、残りは綿を詰める

6. 顔パーツを刺繍して、世界にひたつだけの思い出のぬいぐるみの出来上がり！

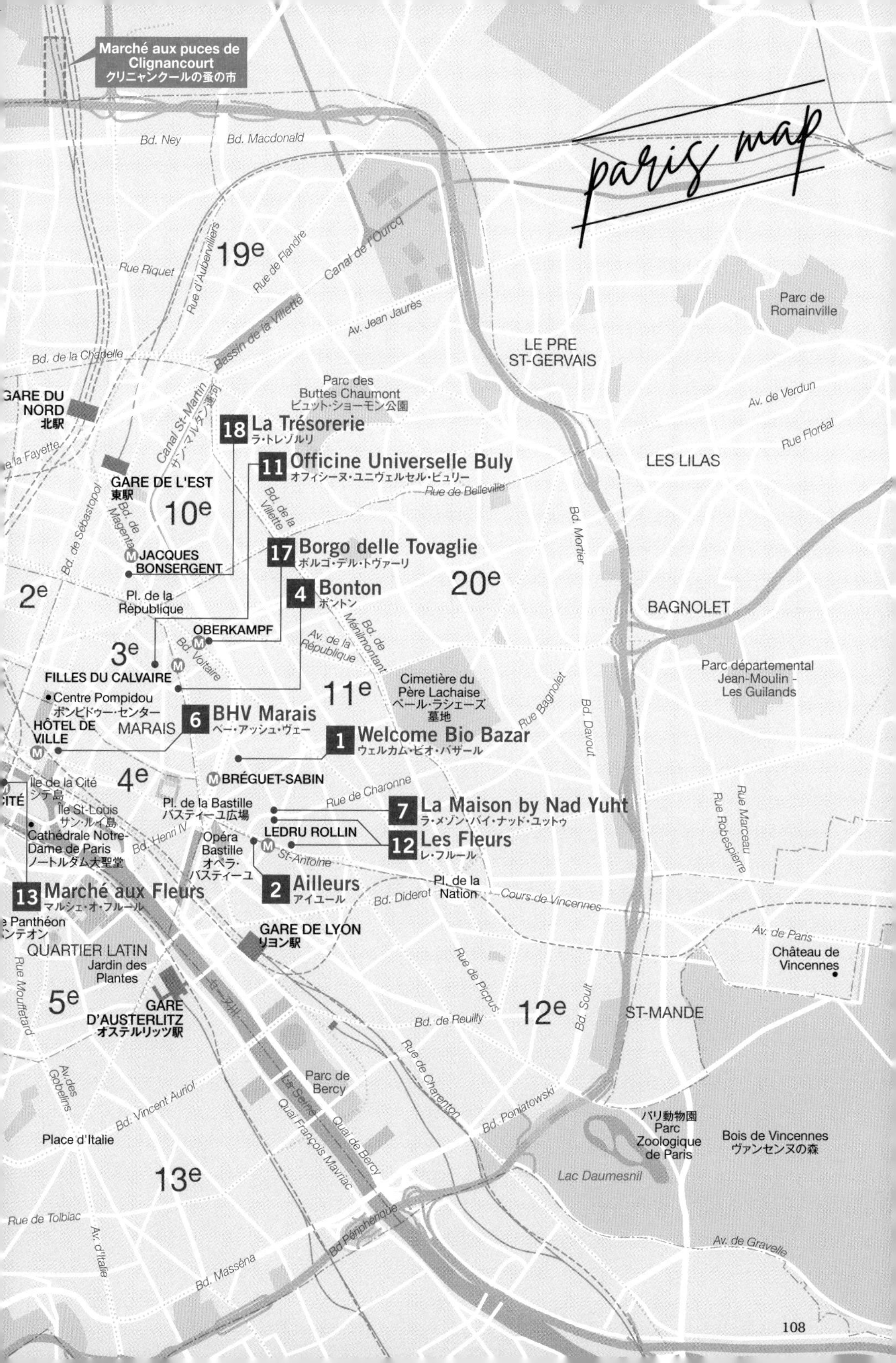
paris map
Marché aux puces de Clignancourt
クリニャンクールの蚤の市
Bd. Ney
Bd. Macdonald
19e
Rue Riquet
Rue d'Aubervilliers
Rue de Flandre
Canal de l'Ourcq
Bassin de la Villette
Av. Jean Jaurès
Parc de Romainville
LE PRE ST-GERVAIS
Bd. de la Chapelle
GARE DU NORD
北駅
Canal St-Martin
サン・マルタン運河
Parc des Buttes Chaumont
ビュット・ショーモン公園
18 La Trésorerie
ラ・トレゾルリ
Av. de Verdun
Rue Floréal
la Fayette
11 Officine Universelle Buly
オフィシーヌ・ユニヴェルセル・ビュリー
LES LILAS
GARE DE L'EST
東駅
Rue de Belleville
Bd. de Sébastopol
Bd. de Magenta
10e
Bd. de la Villette
Bd. Mortier
17 Borgo delle Tovaglie
ボルゴ・デル・トヴァーリ
JACQUES BONSERGENT
20e
2e
4 Bonton
ボントン
Pl. de la République
BAGNOLET
OBERKAMPF
Bd. de Ménilmontant
Av. de la République
3e
Bd. Voltaire
FILLES DU CALVAIRE
Parc départemental Jean-Moulin - Les Guilands
11e
Cimetière du Père Lachaise
ペール・ラシェーズ墓地
Centre Pompidou
ポンピドゥー・センター
6 BHV Marais
ベー・アッシュ・ヴェー
HÔTEL DE VILLE
MARAIS
Rue Bagnolet
Bd. Davout
1 Welcome Bio Bazar
ウェルカム・ビオ・バザール
BRÉGUET-SABIN
4e
Île de la Cité
シテ島
CITÉ
Rue de Charonne
Pl. de la Bastille
バスティーユ広場
Île St-Louis
サン・ルイ島
7 La Maison by Nad Yuht
ラ・メゾン・バイ・ナッド・ユットゥ
Rue Marceau
Rue Robespierre
LEDRU ROLLIN
Cathédrale Notre-Dame de Paris
ノートルダム大聖堂
Bd. Henri IV
Opéra Bastille
オペラ・バスティーユ
12 Les Fleurs
レ・フルール
St-Antoine
2 Ailleurs
アイユール
Pl. de la Nation
13 Marché aux Fleurs
マルシェ・オ・フルール
Bd. Diderot
Cours de Vincennes
Panthéon
ンテオン
GARE DE LYON
リヨン駅
Av. de Paris
QUARTIER LATIN
Jardin des Plantes
Rue de Picpus
Château de Vincennes
Rue Mouffetard
5e
GARE D'AUSTERLITZ
オステルリッツ駅
セーヌ川
Bd. de Reuilly
12e
Bd. Soult
ST-MANDE
Av. des Gobelins
Parc de Bercy
Rue de Charenton
Bd. Vincent Auriol
La Seine
Quai François Mauriac
Quai de Bercy
Bd. Poniatowski
パリ動物園
Parc Zoologique de Paris
Bois de Vincennes
ヴァンセンヌの森
Place d'Italie
Lac Daumesnil
13e
Rue de Tolbiac
Bd Périphérique
Av. d'Italie
Av. de Gravelle
Bd. Masséna

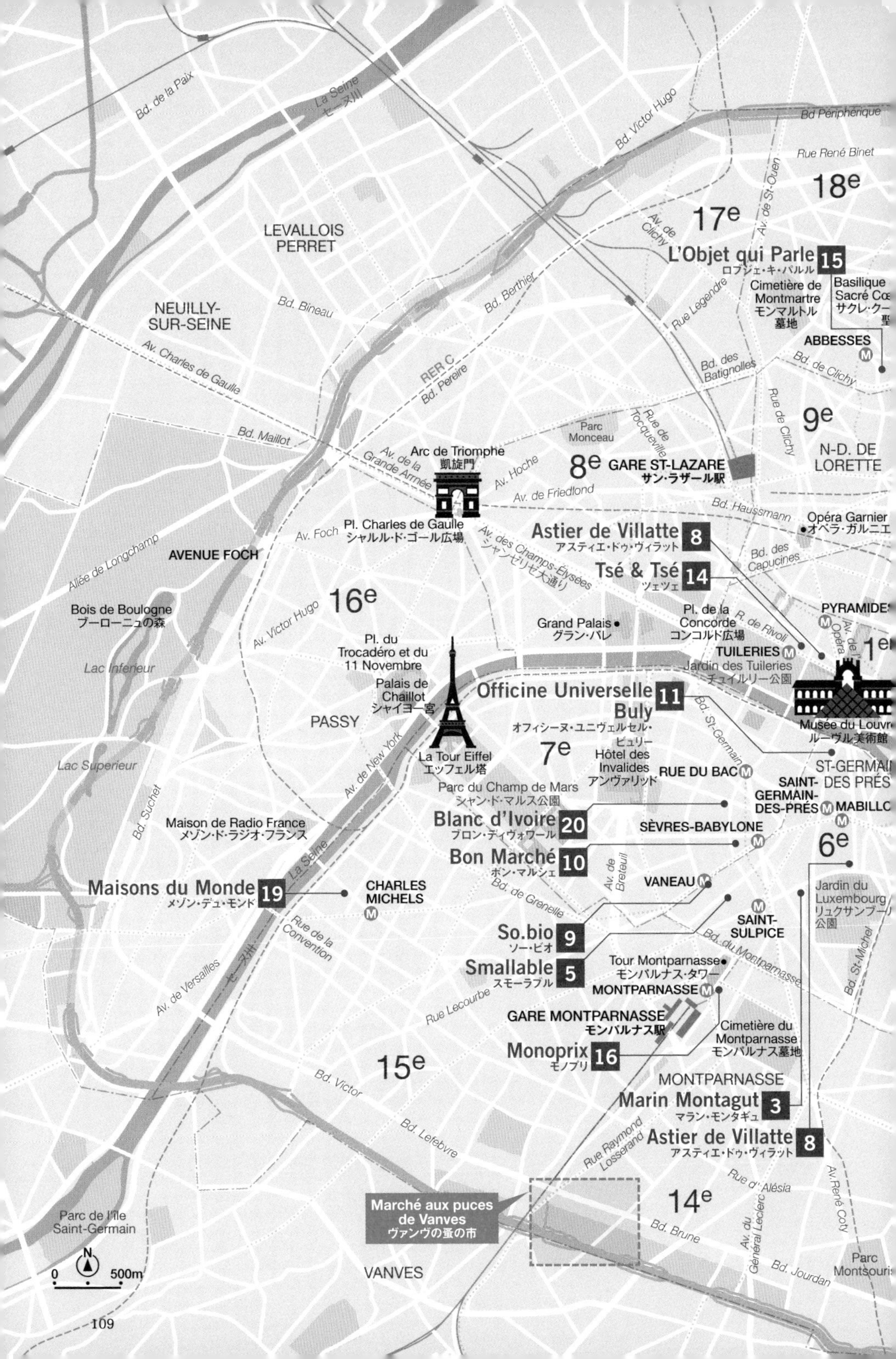

Bd. de la Paix
La Seine
セーヌ川
Bd. Victor Hugo
Bd Périphérique
Rue René Binet
18e
17e
Av. de Clichy
Av. de St-Ouen
LEVALLOIS
PERRET
L'Objet qui Parle 15
ロブジェ・キ・パルル
Cimetière de
Montmartre
モンマルトル
墓地
Basilique
Sacré Cœ
サクレ・クー
Bd. Berthier
Rue Legendre
Bd. Bineau
NEUILLY-
SUR-SEINE
ABBESSES
Av. Charles de Gaulle
RER C
Bd. Pereire
Bd. des
Batignolles
Bd. de Clichy
Rue de Clichy
Rue de Tocqueville
9e
Bd. Maillot
Parc
Monceau
Arc de Triomphe
凱旋門
Av. de la
Grande Armée
Av. Hoche
8e
GARE ST-LAZARE
サン・ラザール駅
N-D. DE
LORETTE
Av. de Friedland
Bd. Haussmann
Opéra Garnier
オペラ・ガルニエ
Av. Foch
Pl. Charles de Gaulle
シャルル・ド・ゴール広場
Astier de Villatte 8
アスティエ・ドゥ・ヴィラット
AVENUE FOCH
Allée de Longchamp
Av. des Champs-Élysées
シャンゼリゼ大通り
Tsé & Tsé 14
ツェツェ
Bd. des
Capucines
16e
Bois de Boulogne
ブーローニュの森
Av. Victor Hugo
Pl. de la
Concorde
コンコルド広場
R. de Rivoli
PYRAMIDES
Av. de l'Opéra
Grand Palais
グラン・パレ
Pl. du
Trocadéro et du
11 Novembre
TUILERIES
Jardin des Tuileries
チュイルリー公園
1er
Lac Inferieur
Palais de
Chaillot
シャイヨー宮
Officine Universelle
Buly 11
Bd. St-Germain
PASSY
オフィシーヌ・ユニヴェルセル・
ビュリー
Musée du Louvre
ルーヴル美術館
7e
Hôtel des
Invalides
アンヴァリッド
La Tour Eiffel
エッフェル塔
Lac Superieur
Av. de New York
RUE DU BAC
ST-GERMAIN
DES PRÉS
Parc du Champ de Mars
シャン・ド・マルス公園
SAINT-
GERMAIN-
DES-PRÉS
MABILLON
Bd. Suchet
Maison de Radio France
メゾン・ド・ラジオ・フランス
Blanc d'Ivoire 20
ブロン・ディヴォワール
SÈVRES-BABYLONE
6e
Bon Marché 10
ボン・マルシェ
Av. de Breteuil
La Seine
Bd. de Grenelle
VANEAU
Jardin du
Luxembourg
リュクサンブール
公園
Maisons du Monde 19
メゾン・デュ・モンド
CHARLES
MICHELS
Rue de la
Convention
SAINT-
SULPICE
So.bio 9
ソー・ビオ
Bd. du Montparnasse
Bd. St-Michel
Tour Montparnasse
モンパルナス・タワー
Smallable 5
スモーラブル
MONTPARNASSE
セーヌ川
Av. de Versailles
Rue Lecourbe
GARE MONTPARNASSE
モンパルナス駅
Cimetière du
Montparnasse
モンパルナス墓地
Monoprix 16
モノプリ
15e
MONTPARNASSE
Bd. Victor
Marin Montagut 3
マラン・モンタギュ
Bd. Lefebvre
Rue Raymond
Losserand
Astier de Villatte 8
アスティエ・ドゥ・ヴィラット
Av. René Coty
Rue d'Alésia
Marché aux puces
de Vanves
ヴァンヴの蚤の市
14e
Parc de l'île
Saint-Germain
Bd. Brune
Av. du
Général Leclerc
Bd. Jourdan
Parc
Montsouris
N
0
500m
VANVES

01 Welcome Bio Bazar
ウェルカム・ビオ・バザール

キッチン用品、掃除用具、バスグッズ、子ども雑貨、観葉植物など生活全般の雑貨を扱うオシャレなコンセプトストア。ナチュラルな雑貨がいっぱい

13 rue Boulle 75011 Paris
Ⓜ Bréguet-Sabin (5号線)

02 Ailleurs
アイユール

テーブルウェアを中心に、素朴でぬくもりのある生活雑貨が揃う店。オシャレな焼き物なども多く個性的なものからシンプルなものまでいろいろ

17 rue Saint-Nicolas 75012 Paris
Ⓜ Ledru Rollin (8号線)

03 Marin Montagut
マラン・モンタギュ

この空間に行くだけでも価値があるステキなお店。インテリア雑貨、キャンドル、食器などイラストやメッセージが描かれたかわいいものばかり

48 rue Madame 75006 Paris
Ⓜ Saint-Sulpice (4号線)

04 Bonton
ボントン

子ども雑貨や洋服を扱うパリ発のライフスタイルブランド。洋服から雑貨やアクセサリーまで子どもに関わる全ての分野のオシャレなものが揃う

5 Boulevard des Filles du Calvaire
75003 Paris
Ⓜ Filles du Calvaire (8号線)

05 Smallable
スモーラブル

オシャレママ御用達のコンセプトストア。セレクトされた洋服ブランドやインテリア雑貨など。子どものものだけでなくステキな生活雑貨もあり

81 rue du Cherche-Midi 75006 Paris
Ⓜ Vaneau (10号線)

06 BHV Marais
ベー・アッシュ・ヴェー マレ

フランス版「東急ハンズ」のような百貨店。生活に関わるもの、DIYに関するものなど、とりあえずここに行けば揃わないものはないほどの品揃え

52 rue de Rivoli 75004 Paris
Ⓜ Hôtel de Ville (1、11号線)

07 La Maison by Nad Yuht
ラ・メゾン・バイ・ナッド・ユットゥ

建物の中庭にある隠れ家のようなインテリアショップ。リビング、キッチン、バスルーム、子ども雑貨などセレクトされたものがオシャレに並ぶ

Boutique sur cour, 39 rue de Charonne
75011 Paris
Ⓜ Ledru Rollin (8号線)

08 Astier de Villatte
アスティエ・ドゥ・ヴィラット

クラシックな中に斬新なオリジナリティがあふれる人気のブランド。パリ市内の工房で作られるステキな白い陶器。テーブルウェア以外にキャンドルなども

173 rue Saint-Honoré 75001 Paris
Ⓜ Pyramides (7、14号線)

09 So.bio
ソー・ビオ

老舗百貨店「ボン・マルシェ」のすぐそばにある大きなビオスーパー。ビオのスーパーはパリ中にあるが、ここは場所も規模も観光客の方にオススメ

99-101 rue de Sèvres 75006 Paris
Ⓜ Vaneau (10号線)

10 Bon Marché
ボン・マルシェ

世界最古と言われる百貨店にはさすがと唸らずにはいられない選び抜かれたものばかり。あらゆる分野、ここに行けば必ず何かステキなものが見つかる

24 rue de Sèvres 75006 Paris
Ⓜ Sèvres-Babylone (10、12号線)

Ⓜ…最寄りメトロ駅

11 Officine Universelle Buly
オフィシーヌ・ユニヴェルセル・ビュリー

1803年創業の総合美容専門店。店の空間自体がとてもステキで、一見の価値あり。クシなどの道具やキャンドル、自然派コスメなどオススメもいっぱい

6 rue Bonaparte 75006 Paris
Ⓜ Saint-Germain-des-Prés（4号線）

12 Les Fleurs
レ・フルール

ガラスのもの、インテリア雑貨、食器、ブロカントなど、店ごと欲しくなるオシャレな空間。近くの2つの店舗で扱うものも少し違うので両方チェックを

6 Passage Josset 75011 Paris
5 rue Trousseau 75011 Paris
Ⓜ Ledru Rollin（8号線）

13 Marché aux Fleurs
マルシェ・オ・フルール

セーヌ川に浮かぶシテ島の中にある花市場。散歩がてら見ているだけでもステキな場所で、園芸関係やインテリア雑貨を扱う店舗も多い

Place Louis Lépine 75004 Paris
Ⓜ Cité（4号線）

14 Tsé & Tsé
ツェツェ

フランス以外にも世界中で愛されるアーティストユニットのブティック。日常生活にアクセントを与えてくれるような個性的なアイテムが見つかる

7 rue Saint-Roch 75001 Paris
Ⓜ Tuileries（1号線）

15 L'Objet qui Parle
ロブジェ・キ・パルル

モンマルトルの丘にあるブロカントの店。とても小さな店の天井までギッシリと詰まった宝箱のような店で、自分だけのステキなインテリアを探して

86 rue des Martyrs 75018 Paris
Ⓜ Abbesses（12号線）

16 Monoprix
モノプリ

フランスの大手スーパーチェーン。キッチン・インテリア用品などオシャレなものが多く、普段使いには最適。パリ中にあるがこの店舗は巨大でオススメ

31 rue du Départ 75014 Paris
Ⓜ Montparnasse（4、6、12、13号線）

17 Borgo Delle Tovaglie
ボルゴ・デル・トヴァーリ

イタリア生まれのホームリネンのブランド。見ているだけで楽しい広い店内には、家の中に関わる全てのラインナップがオシャレに揃うコンセプトストア

4 rue du Grand Prieuré 75011 Paris
Ⓜ Oberkampf（5、9号線）

18 La Trésorerie
ラ・トレゾルリ

キッチン・掃除道具やテーブルウェアを中心に厳選されたものだけを集めたコンセプトストア。オシャレなパリっ子が日用雑貨を探す定番スポット

11 rue du Château d'Eau 75010 Paris
Ⓜ Jacques Bonsergent（5号線）

19 Maisons du Monde
メゾン・デュ・モンド

あらゆるテイストのインテリア・キッチン雑貨が手ごろな値段で手に入る人気の店。オススメの店が一堂に会するショピングセンターに入っている

16 rue Linois 75015 Paris
Ⓜ Charles Michels（10号線）

20 Blanc d'Ivoire
ブロン・ディヴォワール

ブランドの名前にアイボリーと入っているように、白、アイボリー、グレーなどを基調としたものが多いパリ発のフレンチシックなインテリアブランド

104 rue du Bac 75007 Paris
Ⓜ Rue du Bac（12号線）

とのまりこ

パリ在住19年目、東京出身のフォトエッセイスト。出版社に勤めたのち2003年単身渡仏。パリを拠点にフォトエッセイ、ガイドブック執筆、コーディネーターなどの活動を続ける。2014年に東京・西荻窪にフランス雑貨店「Boîte(ぼわっと)」をオープン。全国各地の百貨店や書店などで期間限定のポップアップイベントやトークショーなども行なう。ほぼ日刊イトイ新聞の「バブー&とのまりこのパリこれ！」、パリマグの「とのまりこのパリライフ！」、雑誌「サンキュ！」のパリのパンコラムなど連載多数

Boîte（ぼわっと） Twitter … @boite_tv　Instagram … boite.tv

Staff

ブックデザイン　塙 美奈［ME&MIRACO］
イラスト　イオクサツキ
撮影協力　北原千恵美（P22,23,36,37,50,51,66,67,84,85,96,97）
取材協力　Raffin家、Taurelle家、Tanaka家、Goode家、Takahashi家、Maeda家、Coîntre家
地図作成　村大聡子［atelier PLAN］
校正　円水社
編集　肥後晴奈
　江種美奈子

誰でもすぐに真似できる
シンプルシックで心地よい暮らし

パリの小さなアパルトマンで楽しむおうち時間

発行日　2021年6月10日　初版第1刷発行

著者　とのまりこ
発行者　竹間　勉
発行　株式会社世界文化ブックス
発行・発売　株式会社世界文化社
住所　〒102-8195　東京都千代田区九段北4-2-29
電話番号　（編集部）03-3262-5118
　（販売部）03-3262-5115
印刷・製本　株式会社リーブルテック

ISBN978-4-418-21408-2

＊本書で紹介しているアイテムは個人の私物を中心に掲載されています。一部販売中の商品もありますが、お問い合わせいただいた時期によっては変更・品切れの場合があります。あらかじめご了承ください。
＊本書の出版にあたって正確な記述に努めましたが、著者および取材対象者、世界文化社のいずれも本書の内容に対しなんらの保証をするものではありません。本書の内容に従ったことにより起こりうるいかなる被害や損失についても出版社、著者、取材対象者が責任を負うものではないことを明記いたします。
＊本書の内容は2021年5月現在のものです。